# De NOSSO LAR para NOSSA CASA

Solicite nosso catálogo completo, com mais de 350 títulos, onde você encontra as melhores opções do bom livro espírita: literatura infantojuvenil, contos, obras biográficas e de autoajuda, mensagens espirituais, romances, estudos doutrinários, obras básicas de Allan Kardec, e mais os esclarecedores cursos e estudos para aplicação no centro espírita – iniciação, mediunidade, reuniões mediúnicas, oratória, desobsessão, fluidos e passes.

E caso não encontre os nossos livros na livraria de sua preferência, solicite o endereço de nosso distribuidor mais próximo de você.

*Edição e distribuição*
**EDITORA EME**
Caixa Postal 1820 – CEP 13360-000 – Capivari-SP
Telefones: (19) 3491-7000 | 3491-5449
Vivo (19) 99983-2575 ◉ | Claro (19) 99317-2800 | Tim (19) 98335-4094
vendas@editoraeme.com.br – www.editoraeme.com.br

SIDNEY ARIDE

# *De* NOSSO LAR
# *para* NOSSA CASA

## *Cada centro uma colônia*

Capivari-SP
– 2017 –

© 2016 Sidney Aride

Os direitos autorais desta obra foram cedidos pelo autor para a Editora EME, o que propicia a venda dos livros com preços mais acessíveis e a manutenção de campanhas com preços especiais a Clubes do Livro de todo o Brasil.

A Editora EME mantém, ainda, o Centro Espírita "Mensagem de Esperança" e patrocina, junto com outras empresas, a Central de Educação e Atendimento da Criança (Casa da Criança), em Capivari-SP.

1ª reimpressão – abril/2017 – de 2.001 a 3.500 exemplares

CAPA | André Stenico
PROJETO GRÁFICO E DIAGRAMAÇÃO | Victor Benatti
REVISÃO | Editora EME

Ficha catalográfica

Aride, Sidney, 1974
   De Nosso Lar para nossa casa / Sidney Aride – 1ª reimp. abr.
2017 Capivari, SP | Editora EME.
   192 p.

1ª ed. set. 2016
ISBN 978-85-66805-87-1

1. Livro *Nosso Lar*. 2. Vida e organização no mundo espiritual.
3. Planejamento dos centros espíritas. I. TÍTULO.
                                                  CDD 133.9

# Sumário

Agradecimento ............................................................. 7
Prefácio – Alkíndar de Oliveira ................................. 9
Perspectiva ................................................................ 11
O comentarista ......................................................... 19
01. Cópia melhorada ............................................... 27
02. Construções espirituais ..................................... 35
03. Flores e cores ...................................................... 43
04. Tecnologia ........................................................... 51
05. Setores e áreas de atuação ................................ 59
    Governadoria ...................................................... 60
    Ministério da Regeneração ............................... 60
    Ministério do Auxílio ........................................ 61
    Ministério do Esclarecimento .......................... 62
    Ministério da Comunicação ............................. 63
    Ministério da Elevação ..................................... 64
    Ministério da União Divina ............................. 65

06. Espírito de aprendiz ..................................... 67
07. Tomada de decisão ....................................... 75
08. Melhores práticas .......................................... 83
09. Projetos e planos ........................................... 89
10. Merecimento ................................................. 99
11. Paradigmas ................................................. 107
12. Disciplina e comprometimento .................... 115
13. Vivência e convivência ................................ 123
14. A arte .......................................................... 133
15. Conhecimento e sabedoria .......................... 143
16. O bem do trabalho no bem ......................... 155
17. Foco no trabalhador .................................... 167
18. Crianças e adolescentes .............................. 175
    Para finalizar: três palavrinhas ................... 181
    Despedida .................................................... 185
    Bibliografia .................................................. 189

# Agradecimento

*A Deus, por tudo.*
*A meus pais, irmãos e filhos pelo carinho.*
*A Tânia pelo incentivo, dedicação e parceria.*
*A todos os amigos que ousaram inovar e se renovar.*

# Nosso Lar

(...) a instituição é eminentemente rigorosa, no que concerne à ordem e à hierarquia. Nenhuma condição de destaque é concedida aqui a título de favor. Somente quatro entidades conseguiram ingressar, com responsabilidade definida, no curso de dez anos, no Ministério da União Divina. Em geral, todos nós, decorrido longo estágio de serviço e aprendizado, voltamos a reencarnar, para atividades de aperfeiçoamento.

Lísias / André Luiz (Chico Xavier) – *Nosso Lar* – FEB

# Prefácio

EM PESQUISA REALIZADA pelo Grupo Candeia na virada do milênio, o livro *Nosso Lar* (de André Luiz, psicografia de Chico Xavier), obteve o primeiro lugar entre os dez melhores livros espíritas do século. O autor do livro *De Nosso Lar para nossa casa*, Sidney Aride, teve o privilégio de descobrir e mostrar, com irrepreensível didática e encantamento, uma faceta até então desconhecida por muitos de nós leitores do livro *Nosso Lar*.

Considero esta descoberta, que o autor expõe neste livro, como uma das grandes contribuições dos últimos tempos para o espírita que queira encontrar um caminho para sua evolução espiritual. Caminho árduo, mas prazeroso.

Soma-se a esta descoberta um novo direcionamento metodológico/educacional para as instituições espíritas em geral. O leitor irá encantar-se com algo que está tão patente no livro *Nosso Lar*, e que nós espíritas não percebíamos: este livro (*Nosso Lar*) não nos mostra somente a realidade espiritual de uma colônia de espíritos mais evoluídos do que nós. Mais do que isto, suas páginas são um manual para os procedimentos eficazes e eficientes aplicáveis nas instituições espíritas em geral.

Como cita o autor de *De Nosso Lar para nossa casa*, o livro *Nosso Lar* aponta "aspectos que nos chamaram a atenção e que podem contribuir na construção de um conhecimento saudável sobre gestão com pessoas em uma casa espírita e áreas afins, especialmente, às questões ligadas à estratégia de desenvolvimento das equipes".

Diz ainda o autor: "Vamos aqui trilhar novos e antigos caminhos, percorrendo-os à luz dos esclarecimentos dos espíritos de Nosso Lar e seus sublimes princípios, em consonância com a doutrina espírita e o Evangelho de Jesus, inspirando a direção de grupos ou de um centro espírita."

De forma brilhante e altamente didática o autor aponta atitudes que podemos ter nas instituições espíritas sustentadas, reforçando e repetindo, em diálogos e ensinamentos presentes no livro *Nosso Lar*. A gestão das instituições espíritas ganha, com este livro, técnicas eficazes para resultados efetivos e duradouros.

Pela proposta e pelo seu conteúdo, este livro certamente figurará em qualquer lista dos 10 melhores livros com foco em prática e aplicabilidade dos conceitos espíritas numa casa espírita.

**Alkíndar de Oliveira**

# Perspectiva

> ... cada um na sua especialidade, para agir, pela sua posição, sobre tal ou tal parte na sociedade. Todos se revelarão por suas obras... (Meu sucessor. A minha primeira iniciação no espiritismo, *Obras Póstumas*)

ESTUDAR MINUCIOSAMENTE o livro *Nosso Lar* promove inúmeras descobertas e muitas outras indagações, como não poderia deixar de acontecer. Afinal, quanto mais se sabe mais percebemos que ainda não sabemos o suficiente, já dizia o filósofo Sócrates, personagem da codificação.

Em nosso caso, vamos nos ater aos aspectos relacionados à gestão estratégica de pessoas e temas complementares, realizando um desafiador paralelo da colônia espiritual com o nosso núcleo espiritual terrestre: o centro espírita.

Cremos que em uma instituição espírita saudável podemos entender que a gestão é feita com as pessoas, portanto, passaremos a chamar de gestão com pessoas.

Dependendo do olhar que se lança para esses relatos da espiritualidade, diferentes prismas podem se apresentar de acordo com a especialização de pesquisa queira o leitor se aprofundar. Percebemos que inúmeras ciências teriam amplo interesse nesta publicação rica em abordagens de todos os matizes.

A começar pela medicina. Talvez, pelo fato de André Luiz, ter sido médico na sua última existência terrena, faz com que o nobre espírito, nos seus relatos, quase sempre, esteja ambientado em assuntos ligados a tratamentos e espaços hospitalares.

Aqueles que se interessarem pelos processos de cura e autocura facilmente encontrarão farto material de esclarecimento.

Mas, os aspectos da área de saúde, principalmente saúde espiritual, são apenas pano de fundo para que o curioso André nos oferecesse outros aspectos da vida espiritual.

Como seria interessante observar, por meio de mentes capacitadas nas mais diversas especializações, estudos do livro *Nosso Lar* sendo abordados por psicólogos, por exemplo, esmiuçando cada conversa dos espíritos, que nos parecem verdadeiras terapias mentais da espiritualidade.

O que dizer da chamada forma-pensamento, que molda nosso ambiente ao redor, a partir de nossas crenças?

Seria algo para estudo parapsicológico a passagem de conversas em que o espírito pensa em determinado assunto, e logo em seguida, seus interlocutores respondem antes que André tenha tempo ou até interesse em formular a pergunta verbalmente.

Outro ponto de pesquisa interessante: o magnetismo pessoal de um encarnado pode ser potencializado com técnicas ligadas a esse tipo de psicologia espiritual?

Não sabemos ao certo se, por exemplo, um farmacêutico ou nutricionista espírita poderiam perscrutar como os diferentes caldos revigorantes agem na reconstituição das energias. Haveria observações sobre como manter ou reconquistar a saúde absorvendo diferentes fluidos terapêuticos?

E que curiosa foi a passagem sobre o medicamento extraído da floresta, de mangueiras e eucaliptos, fazendo o moribundo se curar praticamente da noite para o dia.

E a água e o ar, por exemplo? Teriam realmente a influência para os encarnados como tem para os desencarnados? Haveria alguma técnica que poderia potencializar os efeitos para além da própria água fluidificada do centro espírita?

Um pedagogo, acreditamos, teria um campo importante de interesse, ao tentar ilustrar os mecanismos da educação divina operando em nossas vidas.

Ficamos com uma forte percepção de que as sucessões de acontecimentos na vida espiritual de André Luiz estão sempre perfeitamente encadeadas de forma a instruí-lo e prová-lo.

Como uma escola com disciplinas e testes, onde o determinado amigo espiritual, por vezes balança, mais não cai, passando em cada exame como aplicado aluno. Por isso, sua evolução é acelerada como os próprios espíritos mentores expõem ao longo da história.

E não são poucas as vezes que o próprio André se coloca na posição de um aluno! O espírito de aprendiz e curiosidade incessante é uma das grandes características que o faz saltar os degraus evolutivos.

Seria o ar de professor bondoso dos mentores, mas às vezes, com forte sinceridade fraternal, um caminho nas orientações dos trabalhadores de nossa casa espírita?

Um jardineiro ou paisagista deve ficar maravilhado com as descrições de harmonia e organização, que tornam o meio ambiente propício à renovação espiritual.

Devido à característica interdisciplinar da gestão com pessoas, vamos aqui arriscar citar esses e mais alguns outros aspectos que nos chamaram a atenção, mas sem aprofundamento de um especialista.

Engenheiros, urbanistas, paisagistas poderiam fazer conferências empolgantes sobre a tecnologia e sua função socioespiritual. Como os equipamentos, do mais simples radiofônico ao aeróbus, das praças às construções com formas alusivas ao evangelho, interagem com o autoconhecimento e com a vivência no mundo espiritual? Imagine o campo de pesquisa que despertaria em um antropólogo sobre a formação da colônia em um local do plano espiritual onde viviam espíritos silvícolas?! Como interpretar essa passagem e entender a relação de colonizadores com a cultura de um povo nativo? Um mundo de pesquisas interessantes!...

E as passagens ligadas ao mundo feminino e masculino, suas funções sociais; a sociologia de Nosso Lar baseada no amor e na abnegação. O status e as estruturas de poder meritocráticas, onde a inteligência intelectual somada à inteligência emocional (olha aí a psicologia de novo) e o trabalho no bem são condições para ascensão na espiritualidade?...

Mas não devemos nos limitar apenas às disciplinas acadêmicas. A organização de um lar é um dos temas valorizados na colônia e suscita estudo de todos nós! Preciosa pesquisa e considerações sublimes que poderiam apontar caminhos para a principal instituição: a família, núcleo da sociedade. Pais, mães, filhos, sobrinhos... Quais orientações poderiam ser extraídas desses diferentes papéis no lar?

Neste livro pretendemos também tangenciar a discussão sobre como a arte sublime, com destaque para a música, nos parece indispensável no trabalho com as pessoas na casa espírita. Mas, certamente longe estaremos de esmiuçar tecnicamente os efeitos e os benefícios que um profissional poderia apresentar, escrevendo sob sua ótica.

Militares, policiais, bombeiros, socorristas, poderiam se identificar com suas funções aqui na Terra, percebendo o quanto as colônias espirituais precisam de sua inteligência em prol da defesa, da paz e da harmonia na cidade espiritual.

Administradores e economistas também conseguiriam realizar belas apresentações de planilhas e gráficos no telão e projetor, como muitos destes profissionais estão acostumados, nos esclarecendo o funcionamento de instituições complexas, no entanto utilizando conceitos simples e justos.

E, as questões ligadas à remuneração do bônus-hora? Teria essa ordem econômica à semelhança de método do banco de tempo, ferramenta da chamada economia solidária utilizada aqui pelos encarnados?

Os diferentes momentos que sugerem a importância da matemática e seus símbolos, bem como, a manipulação dos elementos físico-químicos são largamente citados e ilustrados.

Aparentemente, ao arriscarmos falar de cada uma das possíveis óticas profissionais ou das ciências humanas, enveredamos por um caminho que não terá fim, bem como, falar de algo que podemos nos equivocar, ou, o risco de deixar de escrever sobre aspectos essenciais.

Então, tenha o leitor amigo, alguma indulgência e considere nossas limitações.

Especialistas, técnicos e operários de diferentes áreas da saúde, educação, artística, logística, administração, defesa, comunicação, e porque não, da transcendência, formam uma comunidade laboriosa e harmoniosa em Nosso Lar, apesar dos contratempos que sempre existem em uma coletividade de evolução intermediária.

Podemos ver inúmeras histórias de cooperação incessante para o crescimento da colônia, de todos os cidadãos e de si próprios nos inspirando para frente e para o alto.

Reiteramos que essa publicação, sem pretensão de esgotar o tema, pretende relacionar os aspectos que nos chamaram a atenção e que podem contribuir na construção de um conhecimento saudável sobre gestão com pessoas em uma casa espírita e áreas afins, especialmente, as questões ligadas à estratégia de desenvolvimento das equipes.

Para reforçar nosso campo de interesse, destacamos no início dos capítulos as reflexões e experiências com grupos e sociedades espíritas utilizando, nada mais, nada menos, que as sugestões do próprio Allan Kardec, nas obras da codificação que abordam claramente essa temática: *O Livro dos Médiuns* e *Obras Póstumas*. Vamos aqui trilhar novos e antigos caminhos, percorrendo-os à luz dos esclarecimentos dos espíritos de Nosso Lar e seus sublimes princípios, em consonância com a doutrina espírita e o evangelho de Jesus, inspirando a direção de grupos ou de um centro espírita.

# O comentarista

– O espiritismo, que apenas acaba de nascer, ainda é diversamente apreciado e muito pouco compreendido em sua essência, por grande número de adeptos, de modo a oferecer um laço forte que prenda entre si os membros do que se possa chamar uma Associação, ou Sociedade. Impossível é que semelhante laço exista, a não ser entre os que lhe percebem o objetivo moral, o compreendem e o aplicam a si mesmos. (Item 333, *O Livro dos Médiuns*)

DEPOIS DE PENSAR como escreveríamos, apesar da seriedade do assunto, resolvemos abordar de forma leve e desenvolver os temas como se estivéssemos em um diálogo.

Esperamos dividir com esse trabalho as reflexões que há tempos vínhamos tendo no íntimo.

Apesar de algumas certezas sobre o processo de gestão em nossa casa espírita, que aqui vou chamar carinhosamente de Nossa Casa –, situada na cidade de Nova Iguaçu, no Rio de Janeiro, novas dúvidas acabam surgindo ao longo do tempo, depois de diferentes experimentos administrativos.

A metodologia de gestão colegiada e Grupos de Vivência Espírita que adotamos desde o ano de 2006, alavancaram uma série de atividades que precisavam de comprometimento humano e de recursos materiais em nossa instituição.

Passados alguns anos do processo de mudança de paradigma, várias frentes de ação tiveram evolução a olhos vistos, no entanto, ainda ficaram algumas lacunas de gestão que precisam ser reforçadas e prosseguir com o aprimoramento do projeto de vivência.

Sabemos que em qualquer instituição com centenas de frequentadores, dificilmente será possível estabelecer uma cultura organizacional diferenciada em poucos anos.

No atual estágio, percebemos a necessidade de refinar as diretrizes inicialmente propostas.

Aspectos sobre gestão com pessoas em nossa casa foram amplamente discutidos e implementados sob orientação da literatura escrita pelo codificador. O pentateuco e *Obras Póstumas* apontaram novos rumos que uma casa de 93 anos de história precisava para se ajustar à nova era.

No entanto, percebe-se que os avanços são como ondas, com seus picos e bases de acomodação.

É tempo de voltarmos a discutir de forma salutar o que podemos aperfeiçoar, retomando o processo de melhoria contínua.

Além de continuar com a codificação como base, lançamos este estudo em busca de novas inspirações que possam influenciar positivamente a gestão e os grupos constituídos em nossa casa.

A ideia aconteceu meio por acaso quando um dos chefes da autarquia em que trabalhamos, que não é espírita, citou Nosso Lar, como um exemplo de administração exemplar!

Ele tinha visto o filme baseado no livro psicografado por Chico Xavier, e, como milhões de pessoas espíritas ou não, ficou encantado com a história no cinema!

Ainda assim, apesar de concordar, à primeira vista, não demos a devida importância, não realizando naquele momento a ligação desse diálogo com as necessidades que estavam ocorrendo em nossa instituição.

Passaram-se alguns meses e trabalhando em nova divisão, eis que o outro chefe, este, um simpatizante do espiritismo, nos entrega uma radionovela de Nosso Lar.

Eureka! Citando o matemático Arquimedes.

Eis a inspiração! Finalmente encontramos nessas coincidências sucessivas a solução para nosso problema.

Imediatamente veio a ideia de pesquisar melhor o livro, que à primeira vista, possui uma perspectiva narrada por um médico, onde realmente, podemos retirar maravilhosos estudos ligados à saúde corporal e espiritual.

Mas, o primeiro chefe tinha razão! Relendo atentamente o livro de André Luiz, psicografado pelo saudoso Chico Xavier, existe uma série de passagens que aguçam nossas reflexões sobre técnicas de gestão.

E por que não canalizar esse conteúdo administrativo presente na obra, para as necessidades de uma instituição espírita?

Logo no prefácio de *Nosso Lar*, o espírito Emmanuel chama nossa atenção sobre um conceito fundamental, e que deve preencher o ambiente de nossa casa:

> Que os passos do cristão, em qualquer escola religiosa, devem dirigir-se verdadeiramente ao Cristo, e que, em nosso campo doutrinário, precisamos, em verdade, do ESPIRITISMO e do ESPIRITUALISMO, mas, muito mais, de ESPIRITUALIDADE. (Emmanuel, *Novo amigo*, Prefácio)

Era isso, mesmo! Um dos grandes desafios que percebemos, foi a necessidade de ampliar o vínculo espiritual em cada atividade.

Seja no trabalho fraterno, seja no estudo edificante, qualquer atividade por si só, não significa, necessariamente, evolução espiritual.

O conceito de ação por meio dos grupos de vivência tornou nossos núcleos importantes organizações para multiplicação do trabalho no bem.

Mas, será que o sentimento de espiritualidade envolve plenamente os amigos que estão reunidos em Cristo?

Provavelmente a maioria daqueles que estão nos grupos, sim! Mas, ainda existem algumas equipes, bem como irmãos frequentadores individuais do centro espírita, além de áreas da instituição que precisam de acertos no direcionamento espiritual e que nos fazem pensar em aprofundar mais essa discussão, principalmente, depois do alerta a seguir:

> Ai! por toda parte, os cultos em doutrina e os analfabetos do espírito! (Mensagem de André Luiz)

André Luiz, neste trecho, sem meias palavras, convoca os confrades a uma alfabetização espiritual.

A partir de então, como que reproduzindo o comportamento do próprio protagonista André, a cabeça fervilhou de perguntas e hipóteses de pesquisa:

Como fazer essa alfabetização? Estaríamos atingindo este objetivo nos grupos ou não-grupos na coletividade de nossa casa?

Poderíamos então, com base nesta prática adotada pelos administradores de Nosso Lar, tornar nosso centro, além de espírita e espiritualista, em uma instituição profundamente espiritualizada?!

A vivência relatada por André Luiz poderia ser, ao menos parcialmente, difundida em nossa pequena colônia espiritual em Nova Iguaçu? Este é o desafio que esperamos dividir com o leitor nesta nossa publicação.

Sabemos que normalmente, em qualquer pesquisa, se buscam diversas fontes para embasamento de uma tese e dirimir problemas em estudo. Mas, a riqueza de abordagens de Nosso Lar foi tão impressionante aos nossos olhos, que por si só o livro abre um universo de considerações para que seja objeto de estudo.

Podemos ilustrar essa empreitada como os programas de comentaristas de futebol, que analisam detalhadamente as partidas realizadas, com ângulos diferenciados, câmera lenta e programas de computador.

Vamos aqui tentar buscar um paralelo de nossa prática de gestão atual nos grupos de vivência e na casa espírita, fazendo uma delicada sobreposição com os relatos de André Luiz sobre a vida nesta bela colônia, que tanto nos inspira.

Para esclarecimento, cada citação de *Nosso Lar* será referenciada neste livro por seu capítulo de origem, para que o leitor tenha oportunidade de se aprofundar no contexto original. Esclarecido o foco de nosso campo de estudo, vamos adiante.

Apesar de conhecermos que a localização de Nosso Lar está nas regiões umbralinas, isso só faz acreditar que é possível compararmos determinados aspectos da colônia cuja semelhança com regiões de luta aqui na Terra não é muito distante como imaginamos.

Sobretudo se imaginarmos essa comparação com o local em que nos encontramos para compreender e aprimorar nossa espiritualidade: o centro espírita.

# 01
# Cópia melhorada

– Eles próprios (os espíritos) revelam a sua inferioridade e, **quanto menor é a distância que os separa de nós, mais os reconhecemos em situação análoga à nossa**... (Item 344, *O Livro dos Médiuns*)

MUITOS ESPÍRITAS E não espíritas ao tomarem conhecimento de Nosso Lar, encantados com as descrições deste pedaço do mundo espiritual, chegam a comentar que ao desencarnar gostariam de ir para lá, ou algum lugar semelhante do plano espiritual.

Ao ter ciência da organização, das relações humanas entre os espíritos, da tecnologia, da arte, do sentimento de paz nas descrições feitas por André Luiz, muitos de nós somos levados a crer que essa colônia é o próprio Céu, pertinho de Deus!

Ler o trecho a seguir narrado por André Luiz, parece reforçar essa ideia:

> Lísias deu-me a conhecer novos valores da sua cultura e sensibilidade. Dedilhando com maestria as cordas da cítara, fez-nos lembrar velhas canções e melodias da Terra.
>
> Dia verdadeiramente maravilhoso! Sucediam--se júbilos espirituais, como se estivéssemos em pleno paraíso. (Cap. 44, As trevas)

Porém, em um olhar mais atento, percebemos que os objetivos de Nosso Lar são relativamente semelhantes ao de um centro espírita, vejamos:

Lá existem tarefas de hospital espiritual: não faltam ações voltadas ao tratamento nos seus diferentes setores voltados para esse fim.

André Luiz compara a colônia a uma colmeia, ao ver tanto movimento em oficinas dedicadas ao trabalho para o bem comum.

Em diversos momentos os espíritos entram em comunhão com Deus e agem como em um imenso templo religioso dedicado à prece e à meditação.

Existem escolas espalhadas em ambientes dos mais variados, colaborando na educação dos espíritos, em áreas lindamente planejadas.

E, por fim, podemos afirmar que a própria colônia é um laboratório em ação, desde o indivíduo até a coletividade, onde durante o processo evolutivo houve a necessidade de romper com o *status quo* e experimentar continuamente novas possibilidades que afetam a estrutura e a vida na colônia. Esses aspectos também ocorrem em um centro espírita, não é mesmo?! Se ainda pairam dúvidas sobre semelhanças de nosso mundo com os relatos da vida espiritual, vamos lembrar a conversa de André Luiz com a senhora Laura onde eles comparavam o lar terrestre ao lar espiritual:

> Mas a organização doméstica, em Nosso Lar, é idêntica à da Terra?
>
> A interlocutora esboçou uma fácies muito significativa e acrescentou:
>
> – O lar terrestre é que, de há muito, se esforça por copiar nosso instituto doméstico. (Cap. 20, Noções de lar)

Podemos inferir então que lá é como cá. Na verdade, deveríamos dizer que: aqui é como lá! Bom, neste caso, poderia ser o centro espírita uma tentativa de copiarmos instituições semelhantes do mundo espiritual: com tratamentos fluidoterápicos, preces, estudo elevado, ações caritativas e experiências coletivas?

Segundo Lísias: "Nosso Lar constitui uma experiência coletiva". (Cap. 11, Notícias do Plano) Como em nossos grupos de vivência espírita, quer dizer então que até nos planos espirituais, também há experimentações sobre sua própria organização? Mais uma vez, uma afirmativa do espírito Lísias, nos ajuda a refletir sobre o processo de paridade entre os dois mundos:

> Nenhuma organização útil se materializa na crosta terrena, sem que seus raios iniciais partam de cima. (Cap. 8, Organização de serviços)

Então, aparentemente, lá em cima, se concebem organizações úteis para atuar na matéria, e nós tentamos copiar essas organizações?!

André Luiz reforça nossas impressões de que na Terra ainda tentamos copiar os aspectos de uma colônia de espíritos. A própria natureza da Terra parece acompanhar essa espécie de rascunho da espiritualidade:

> Impressionavam-me, sobretudo, os aspectos da Natureza. Quase tudo, melhorada cópia da Terra. (Cap. 7, Explicações de Lísias)

Esses pontos do livro *Nosso Lar* levantam hipóteses interessantes, sobre o quanto estaríamos distantes, ou na verdade, próximos destas semelhanças? Seria um processo saudável para nós em um centro espírita, tentar reproduzir também as práticas de trabalho que nos são mostradas pelas publicações espíritas? Existem suficientes evidências na obra *Nosso Lar* que nos estimulam a pensar sobre essa possibilidade: reproduzir alguns aspectos de gestão na condução das atividades, nos ambientes de convívio, nas relações entre os espíritos e no comprometimento para benefício mútuo.

Em determinado momento no relato do livro *Nosso Lar*, sobre a descrição do médico espiritual que examina o novo paciente, André Luiz, não há mudança significativa na forma de se apresentar e proceder em relação a um doutor da Terra:

> Sorridente, o velhinho amigo apresentou-me o companheiro. Tratava-se, disse, do irmão Henrique de Luna, do Serviço de Assistência Médica da colônia espiritual. Trajado de branco, traços fisionômicos irradiando enorme simpatia, Henrique auscultou-me demoradamente...
> (Cap. 4, O médico espiritual)

Os trajes com o padrão dos profissionais de saúde daqui da Terra, vindo de uma espécie de departamento médico, utilizando o protocolo de auscultar o organismo perispiritual de André, não nos parece grande novidade se não fosse dito que isso ocorreu na vida espiritual.

O enfermeiro de Nosso Lar, Lísias, em conversa sobre a importância da água para os encarnados e desencarnados reafirma a crença de que o caminho da pesquisa do mundo espiritual com a finalidade de orientar nossas ações aqui na Terra seria um bom roteiro a ser percorrido:

> Virá tempo, contudo, em que (a Terra) copiará nossos serviços... (Cap. 10, No Bosque das Águas)

O histórico atual de discussões promissoras e de realizações inovadoras implantadas nas atividades de nossa casa nos faz acreditar que é possível um olhar nesta direção: a sobreposição dos caminhos nos dois mundos.

A proximidade de objetivos de uma instituição espírita na Terra, parece se alinhar sensivelmente com aqueles demonstrados na colônia espiritual.

Convidamos o leitor a exercitar esse olhar nos próximos capítulos.

E, por que não? O máximo que pode acontecer é ver que não passou de uma imensa utopia imaginar uma espécie de Centro Espírita Nosso Lar...

Preferimos acreditar que, no mínimo, essa tarefa de aproximação das duas realidades, adaptando o que for factível, seria uma bela forma de olhar para nossa casa espiritual e realizar uma análise de suas características sob outra perspectiva. Acreditamos que vale a pena tentar...

Então, vamos começar pela própria estrutura física das instituições? Como poderia ser uma edificação espírita na Terra construída com a finalidade de se aproximar das belezas que imaginamos nas descrições feitas para Nosso Lar?

# 02

# Construções espirituais

Com esta obra, o edifício começa a libertar-se dos andaimes e já se lhe pode ver a cúpula a desenhar-se no horizonte. Continua, pois, sem impaciência e sem fadiga; o monumento estará pronto na hora determinada. (Imitação do Evangelho, A minha primeira iniciação no espiritismo, *Obras Póstumas*)

A NARRATIVA SOBRE as edificações da colônia Nosso Lar, não deixam muitas dicas, as descrições são menos detalhadas do que gostaria um engenheiro ou arquiteto com interesse em projetos e obras com desenhos espirituais.

Nem por isso, vamos deixar esse assunto tão interessante, passar em branco. Mesmo fragmentos deste universo podem nos oferecer uma visão interessante.

Ainda em tratamento no hospital, André Luiz descreve sua limitada área onde poderia se deslocar um paciente:

> Claridade reconfortante atravessava ampla janela, inundando o recinto de cariciosa luz.
> (Cap. 4, O médico espiritual)

Novamente, mais à frente, as janelas e seus efeitos são caracterizados pelo nosso narrador espiritual:

> Deleitava-me, agora, contemplando os horizontes vastos, debruçado às janelas espaçosas.
> (Cap. 7, Explicações de Lísias)

Até este momento, pouco temos do cenário, a não ser que, as construções da colônia prezam por maior contato do interior com o exterior, com aberturas de janelas que permitem ao usuário vislumbrar a paisagem ou entrar luminosidade externa agradável.

Em capítulo adiante, vamos falar da natureza de Nosso Lar, e podemos perceber o quanto essa vida do lado de fora é verdadeiro colírio para os olhos e colaboram de alguma forma no tratamento espiritual.

As aberturas generosas destas janelas, apesar de parecerem pouco relevantes, facultam esse agradável intercâmbio com o meio ambiente da colônia.

A comunhão da natureza integrada às edificações e um esboço de traços arquitetônicos foram ilustradas com palavras de André Luiz em seu passeio pela colônia com o enfermeiro Lísias:

> Todos os departamentos apareciam cultivados com esmero. À pequena distância, alteavam-se graciosos edifícios. Alinhavam-se a espaços regulares, exibindo formas diversas. Nenhum sem flores à entrada (...) nas torres muito alvas, a se erguerem retilíneas, lembrando lírios gigantescos, rumo ao céu. (Cap. 7, Explicações de Lísias)

Chama a atenção, reiteramos, as construções integradas às plantas, com flores na porta de entrada.

Como escrevemos no capítulo anterior, é possível reproduzir determinados aspectos do mundo espiritual de maneira relativamente simples.

Vamos gradativamente percebendo que a beleza harmônica está integrada em inúmeros espaços.

Não seria belo ver a casa espírita decorada pela natureza florida, perfumando o ambiente e convidando os frequentadores a se encantar logo na chegada pela delicadeza de jardins cultivados com esmero?

Na descrição da alva torre, a colônia vai além, e utiliza inclusive a forma das plantas como inspiração para sua arquitetura. Seria um simbolismo da parábola do mestre Jesus: – Olhai os lírios dos campos...? Em outro momento, ainda um debilitado paciente, André Luiz, chama atenção para a decoração de interiores de Nosso Lar:

> Da abóbada cheia de claridade brilhante, pendiam delicadas e flóreas guirlandas, que vinham do teto à base, formando radiosos símbolos de Espiritualidade Superior. (Cap. 3, A oração coletiva)

Nessa passagem, há uma aparente confirmação sobre a utilização proposital de objetos pela espiritualidade, sejam pequenos ou do tamanho de uma torre, com símbolos que remetam a elementos de espiritualidade elevada.

Em caso semelhante, no auditório de nossa casa, um dos trabalhadores com maravilhosa habilidade de artesão, montou sobre a boca de cena do palco de teatro, próximo ao teto e sobre a tribuna, um artefato em madeira com o desenho de uma maravilhosa parreira, fazendo alusão a imagem presente no capítulo de Prolegômenos de *O Livro dos Espíritos*.

Esse trabalho feito pelo contrade artista foi uma

bela inspiração que nos remete a elevados pensamentos! Sem contar que, de quebra, ficou muito bonito! Será que também podemos reproduzir nos demais ambientes de nossa casa? Seja em uma luminária, ou a disposição e desenho do piso? A grade da janela voltada para o jardim? A porta com entalhes simbólicos?

Tomando-se todo o cuidado para a manutenção da simplicidade e do bom-senso, para não acarretar a imagem de um ambiente místico.

Pensamos ser possível considerar o equilíbrio entre uma sala ou corredor de acesso, que não precisam ser visualmente formalísticos, mas também não deixar cair em excessos alegóricos.

Assim, como certas práticas fluidoterápicas, a musicoterapia, o sorriso afetuoso... a presença simples de elementos sutis que remetam a pensamentos elevados e que reafirme o respeito a um ambiente sagrado pode ajudar na harmonização do ambiente e ser instrumento de renovação psíquica e espiritual.

A forma de lírio, também nos faz pensar nas linhas orgânicas que arquitetos costumam utilizar em construções de formas sinuosas, em sintonia com as curvas dos elementos vivos ou celestiais, que contrastam com certo padrão de ângulos retos devido à praticidade econômica predominantes nos cômodos institucionais.

Uma construção pensada conforme a tarefa que

ali se pretende exercer nos parece uma diretriz clara nesta narrativa de Lísias:

> Estamos no local do Ministério do Auxílio. Tudo o que vemos, edifícios, casas residenciais, representa instituições e abrigos adequados à tarefa de nossa jurisdição. (Cap. 8, Organização de serviços)

A beleza da organização predial e seu entorno continua fascinando André Luiz. Nesta passagem a seguir, mais uma vez, vemos a integração com a natureza:

> A essa altura, atingíramos uma praça de maravilhosos contornos, ostentando extensos jardins. No centro da praça, erguia-se um palácio de magnificente beleza, encabeçado de torres soberanas, que se perdiam no céu. (Cap. 8, Organização de serviços)

Apesar de, posteriormente, consagrarmos um capítulo sobre a bela ornamentação natural de Nosso Lar, aqui destacamos esse casamento do belo com o útil nas edificações ou no mobiliário das áreas exteriores:

> Plantadas a espaços regulares, árvores frondosas oferecem sombra amiga, à maneira de

pousos deliciosos, na claridade do Sol confortador. Bancos de caprichosos formatos convidavam ao descanso. (Cap. 10, No Bosque das Águas)

André Luiz, ao chegar à casa do seu amigo enfermeiro, mais uma vez, faz seu relato sobre a decoração da residência, e nos ajuda a refletir sobre o potencial que podemos explorar na organização de uma casa que se propõe à vida espiritual:

> Passados minutos, eis-nos à porta de graciosa construção, cercada de colorido jardim. (...) – O nosso lar, dentro de Nosso Lar. (...) Entramos. Ambiente simples e acolhedor. Móveis quase idênticos aos terrestres; objetos em geral, demonstrando pequeninas variantes. Quadros de sublime significação espiritual, um piano de notáveis proporções, descansando sobre ele grande harpa talhada em linhas nobres e delicadas. (...) Em seguida, chamou-me Lísias para ver algumas dependências da casa, demorando-me na Sala de Banho, cujas instalações interessantes me maravilharam. Tudo simples, mas confortável. (Cap. 17, Em casa de Lísias)

Em nossa casa espírita, passamos muitos anos com uma pintura de cor cinza nas paredes e piso escuro avermelhado. Depois de conversarmos sobre a possibilidade de apadrinhamento dos ambientes pelos grupos da casa, o centro espírita ganhou vida renovada, com colorido e luz em seus ambientes.

Estes foram os aspectos que nos chamaram a atenção a respeito das construções da colônia espiritual. Trazem alguns elementos interessantes para dialogarmos e quem sabe, aperfeiçoarmos nossas instituições espiritistas, desenvolvendo um ambiente acolhedor, neste que é o nosso ponto de encontro espiritual na Terra.

Ao conhecer os fragmentos do cenário arquitetônico espiritual, vamos ao próximo capítulo, e conhecer o quanto o paisagismo parece protagonizar cada espaço de Nosso Lar.

# 03

# Flores e cores

> Belo, realmente belo só é o que o é sempre e para todos; e essa beleza eterna, infinita, é a manifestação divina em seus aspectos incessantemente variados; é Deus em Suas obras e nas Suas leis! Eis aí a única beleza absoluta. É a harmonia das harmonias e tem direito ao título de absoluta, porque nada de mais belo se pode conceber. (Lavater, Teoria da beleza, *Obras Póstumas*)

NESTE CAPÍTULO, REUNIMOS as evidências de como um ambiente espiritual, literalmente, cultiva vibrações sublimadas por meio do belo, em sintonia com a natureza.

Um elemento importante a ser debatido e aprofundado pelos trabalhadores de um centro espírita.

André Luiz nos mostra, muito encantado, seu novo mundo ornamentado de beleza e harmonia:

Impressionavam-me, sobretudo, os aspectos da Natureza. (Cap. 7, Explicações de Lísias)

Ao ser transportado junto ao Ministro Clarêncio para Nosso Lar, uma das primeiras impressões da colônia que chamam a atenção do André, são as ornamentações naturais:

... Deteve-se à frente de grande porta encravada em altos muros, cobertos de trepadeiras floridas e graciosas. (Cap. 3, A oração coletiva)

Os administradores de Nosso Lar aproveitam eficientemente os espaços externos com construções para tarefas ligadas à aquisição de conhecimento, e os enriquece de paisagens deslumbrantes, como narra a enfermeira espiritual Narcisa:

– Trata-se dos "salões verdes" para serviço de educação. Entre as grandes fileiras das árvores, há recintos de maravilhosos contornos para as conferências dos Ministros da Regeneração; (...)

Nos parques de educação do Esclarecimento, instalou a Ministra um verdadeiro castelo de vegetação, em forma de estrela, dentro do qual se abrigam cinco numerosas classes de aprendizados (...) (Cap. 32, Notícias de Veneranda)

E prossegue Narcisa com a descrição de um cenário elaborado com grande simbolismo:

> A Ministra ideou os quadros evangélicos do tempo que assinalou a passagem do Cristo pelo mundo, e sugeriu recursos da própria natureza. Cada "salão natural" tem bancos e poltronas esculturados na substância do solo, forrados de relva olente e macia. Isso imprime formosura e disposições características.
>
> Disse a organizadora que seria justo lembrar as preleções do Mestre, em plena praia, quando de suas divinas excursões junto ao Tiberíades, e dessa recordação surgiu o empreendimento do "mobiliário natural". (Cap. 32, Notícias de Veneranda)

Que maravilhoso deve ser um local cheio de significado elevado!

A beleza espiritual se apresenta organizada no arranjo paisagístico: como deve ser emocionante assistir uma preleção em um cenário que simula as aparições do Cristo!

Claro que não sabemos exatamente como realmente é esse local, mas não é muito difícil juntar os elementos narrativos do livro *Nosso Lar*, e somado às pesquisas de outras publicações espíritas e a inspiração artística, poder reproduzir um local decorado com objetivo semelhante.

A possibilidade de utilizar o ambiente externo na casa espírita para preleções, seja em uma varanda ou um aconchegante quintal, utilizado com simplicidade e envolvimento espiritual, nos parece uma maneira desafiadora nos tempos atuais, porém, seria muito empolgante voltar a utilizar, eventualmente, a natureza como um templo divino.

Por certo que cuidar de um espaço como esse, aumenta a necessidade de colaboradores dedicados e provavelmente haverá quem pergunte: será que vale a pena?

Vamos observar a opinião da enfermeira espiritual Narcisa:

> A conservação exige cuidados permanentes, mas a beleza dos quadros representa vasta compensação. – O mais belo recinto do nosso Ministério é o destinado às palestras do Governador. A Ministra Veneranda descobriu que ele sempre estimou as paisagens de gosto helênico, mais antigo, e decorou o salão a traços especiais, formados em pequenos canais de água fresca, pontes graciosas, lagos minúsculos, palanquins de arvoredo e frondejante vegetação. Cada mês do ano mostra cores diferentes, em razão das flores que se vão modificando em espécie, de trinta a trinta dias. A Ministra reserva

o mais lindo aspecto para o mês de dezembro,
em comemoração ao Natal de Jesus... (Cap. 32,
Notícias de Veneranda)

A estética em Nosso Lar, com caprichosos espaços de beleza de formas e flores, fascina a todos que leem o livro. Não é difícil pensar, o porquê de os encarnados confundirem essa colônia, que está nas vizinhanças do Umbral, com um Plano Espiritual Superior.

Todavia, saber que uma cidade tão bela possui na verdade aproximação com as zonas inferiores da crosta terrestre nos motiva a acreditar que podemos experimentar a possibilidade de aprimorar o centro espírita criando núcleos cada vez mais espiritualizados e sublimes em nossa matéria densa.

Vejamos o quadro que André Luiz nos mostra, e que nos parece ser de relativa facilidade de execução:

> A senhora Hilda convidou-me a visitar o jardim, para que pudesse observar, de perto, alguns caramanchões de caprichosos formatos. Cada casa, em Nosso Lar, parecia especializar-se na cultura de determinadas flores. Em casa de Lísias, as glicínias e os lírios contavam-se por centenas; na residência de Tobias, as hortênsias inumeráveis desabrochavam nos verdes lençóis de violetas. Belos caramanchões de

árvores delicadas, recordando o bambu ainda novo, apresentavam no alto uma trepadeira interessante, cuja especialidade é unir frondes diversas, à guisa de enormes laços floridos, na verde cabeleira das árvores, formando gracioso teto. (Cap. 38, O caso Tobias)

Conhecer estes cenários nos faz recordar de Pedro Leopoldo, tendo o céu como teto, a natureza ao redor com sua brisa suave, ouvindo palavras renovadoras de elevada espiritualidade à sombra do abacateiro, não é mesmo?!

Ter a natureza por perto, pode ser de grande auxílio até para a saúde, como vimos no caso do 2º marido de Zélia, Ernesto. Vejamos a explicação da enfermeira Narcisa:

– Não só o homem pode receber fluido e emiti-los. As forças naturais fazem o mesmo, nos reinos diversos em que se subdividem. Para o caso do nosso enfermo, precisamos das árvores. Elas nos auxiliarão eficazmente. (Cap. 50 Cidadãos de Nosso Lar)

Como não desejar elaborar projetos para iluminar de cores e vida, por dentro e por fora, a nossa casa espírita?

Com toda essa espiritualidade construída por meio de elementos da natureza, aparentemente, falar de equipamentos tecnológicos seria o contrário da simplicidade desejada em um ambiente espiritualizado.

Então nos perguntamos: seria a utilização da tecnologia um contrassenso em uma instituição que deseja se aproximar da forma de atuação do mundo espiritual?

# 04

# Tecnologia

As Sociedades regularmente constituídas exigem organização mais completa. A melhor será a que tenha menos complicada a entrosagem.

(Item 339, *O Livro dos Médiuns*)

Os RECURSOS QUE uma casa espírita deve oferecer a seus usuários, geralmente, são muito simples. Analisando o capítulo anterior podemos inferir que poucos recursos são necessários para realizar tarefas relativas à espiritualidade.

Sob a alegação, justa, de que a casa deve prezar pela simplicidade, certa feita, ouvimos de um dirigente, que um grupo de pessoas no centro espírita, mesmo havendo recursos financeiros na instituição, se posicionou contra a instalação de um aparelho de ar condicionado no pequeno salão.

Como em qualquer assunto, tudo depende do contexto e das necessidades de cada caso.

Sabemos que é possível atender uma vítima de acidente no próprio local em que ela se encontra, mas se pudermos, logo depois dos procedimentos emergenciais, transportá-la para o hospital, com equipamentos modernos e com profissionais especializados, tanto melhor, não é mesmo?!

Então, mantendo a simplicidade em determinados ambientes, poderia ser interessante aparelhar o centro espírita para atendimentos, onde esses recursos produzam efeitos mais eficazes?

Alguns exemplos que ocorrem em Nosso Lar ilustram esse diálogo que estamos fazendo aqui.

Lembrando que a narrativa ocorre no final da década de 1930 e, portanto, a televisão ainda era algo muito avançado e estava nos primeiros passos aqui no mundo material:

> ...notei que ao fundo, em tela gigantesca, desenhava-se prodigioso quadro de luz quase feérica. Obedecendo a processos adiantados de televisão, surgiu o cenário de templo maravilhoso. (Cap. 3, A oração coletiva)

Nos tempos atuais, não é difícil encontrar centros espíritas, que já possuem televisores em salas de estudo, sistema de informática, projetores e telões para apresentações, aparelhos sofisticados de sonorização, câmeras para transmissão de vídeo em outros ambientes ou pela internet, palcos para arte com iluminação profissional, enfim, as possibilidades não diferem muito do que o plano espiritual também se vale para sensibilizar corações e atender os objetivos de espiritualização:

> Ligado um grande aparelho, fez-se ouvir música suave. Era o louvor do momento crepuscular. Surgiu, ao fundo, o mesmo quadro prodigioso da Governadoria, que eu nunca me cansava de contemplar todas as tardes, no parque hospitalar. Naquele momento, porém, sentia-me dominado de profunda e misteriosa alegria. E vendo o coração azul desenhado ao longe, senti que minhalma se ajoelhava no templo interior, em sublimes transportes de júbilo e reconhecimento. (Cap. 17, Em casa de Lísias)

Devido longas distâncias da colônia, o transporte por aeróbus, foi algo bastante surpreendente para André Luiz e todos nós, afinal espíritos, não deveriam volitar?

Mais uma vez, a colônia e sua relativa semelhança com a nossa matéria, ocorre neste relato:

> Mal me refazia da surpresa, quando surgiu grande carro, suspenso do solo a uma altu-

ra de cinco metros mais ou menos e repleto de passageiros.

Ao descer até nós, à maneira de um elevador terrestre, examinei-o com atenção. Não era máquina conhecida na Terra. Constituída de material muito flexível, tinha enorme comprimento, parecendo ligada a fios invisíveis, em virtude do grande número de antenas na tolda. (Cap. 10, No Bosque das Águas)

Esses objetos que facilitam nossas vidas e potencializam soluções, têm seus limites, principalmente, quando podem atrapalhar a abordagem com aqueles que precisam do contato essencialmente humano.

O relato da enfermeira Narcisa, explica os momentos de exceção onde o uso da tecnologia é propositadamente reduzido:

> Poderíamos construir determinadas máquinas como o submarino; mas, por espírito de compaixão pelos que sofrem, os núcleos espirituais superiores preferem aplicar aparelhos de transição. (Cap. 33, Curiosas observações)

Nesta passagem fica a lição de que a abordagem aos que estão mais frágeis espiritualmente precisa ser acolhedora e destituída de muitos aparatos tecnológicos.

A relatividade, ainda assim, é sempre algo para se refletir.

Para aqueles que estão distantes e que não há possibilidade de contato humano, uma tecnologia antiga, mas pouco explorada ainda pelas instituições espiritistas é o telefone, ou as tecnologias de comunicação *on line*. O serviço de acolhimento por telefone, o S.O.S. Preces, realizado em cidades como Juiz de Fora – MG e Nova Iguaçu-RJ são poderosos instrumentos de alívio e conforto espiritual para aqueles que não possam estar fisicamente no centro espírita naquele momento.

Práticas de comunicação entre colônias foi outro recurso interessante mostrado por André Luiz:

> ...voltamos ao interior onde Lísias se aproximou de pequeno aparelho postado na sala, à maneira de nossos receptores radiofônicos. Aguçou-se-me a curiosidade. Que iríamos ouvir? (...) A programação do serviço necessário, as notas da Espiritualidade Superior e os ensinamentos elevados vivem, agora, para nós outros, muito acima de qualquer cogitação terrestre. (Cap. 23, Saber ouvir)

Este trecho nos remete a interessantes considerações: será que em um futuro não tão distante, poderíamos ter equipamentos transmitindo ações ou estudos produzidos entre os grupos e as casas espíritas vizinhas?

Vejamos outra passagem semelhante de integração entre as atividades e espírito de integração entre equipes:

Encerrada a prece coletiva, ao crepúsculo, Tobias ligou o receptor, a fim de ouvir os Samaritanos em atividade no Umbral.

Justamente curioso, vim a saber que as turmas de operações dessa natureza se comunicavam com as retaguardas de tarefa, em horas convencionais.

– Samaritanos ao Ministério da Regeneração!... Samaritanos ao Ministério da Regeneração!... Muito trabalho nos abismos da sombra. Foi possível deslocar grande multidão de infelizes, sequestrando às trevas espirituais vinte e nove irmãos. Vinte e dois em desequilíbrio mental e sete em completa inanição psíquica. Nossas turmas estão organizando o transporte... (Cap. 28, Em serviço)

Outro momento esclarecedor e emocionante realizado em um grupo familiar da colônia é o relato de uma reunião mediúnica reversa: de espíritos recebendo encarnados. Utilizando uma espécie de transcomunicação instrumental no sentido inverso:

Na espaçosa sala de estar, reunia-se pequena assembleia de pouco mais de trinta pessoas. A disposição dos móveis era a mais simples.

Enfileiravam-se poltronas confortáveis, doze a doze diante do estrado, onde o Ministro Clarêncio assumira posição de diretor, cercando--se da senhora Laura e dos filhos. A distância de quatro metros, aproximadamente, havia um grande globo cristalino, da altura de dois metros presumíveis, envolvido, na parte inferior, em longa série de fios que se ligavam a pequeno aparelho, idêntico aos nossos alto-falantes. (Cap. 48, Culto familiar)

Aparentemente, usada com bom-senso, a tecnologia pode ser uma aliada ao atender um número maior de pessoas necessitadas de esclarecimento, ou potencializar ações no bem, como o transporte em caravana para doações, ou a música preenchendo o ambiente de harmonia e sensibilidade.

Já presenciamos discussões sobre a possibilidade de instalação de elevador no prédio de três andares de uma casa espírita. Devido ao custo elevado, parte da equipe considerava uma proposta fora da lista de prioridades, em relação a outros planos.

O grupo que defendia a compra do equipamento argumentava que deficientes físicos, gestantes e idosos, poderiam acessar as salas de estudos, localizadas no 2º andar do edifício.

Propostas de acessibilidade na casa espírita em um país cuja população está envelhecendo, além da existência significativa dos demais públicos portadores de necessidades especiais, são prova de sintonia estratégica com o contexto que ocorre do lado de fora da instituição.

Cabe à direção detalhar prós e contras desta ideia, no mínimo, ousada para um centro espírita. Quanto mais complexo é o aparato a ser adquirido, maior o detalhamento com etapas de curto, médio e longo prazo, demonstrando a viabilidade desta tecnologia, perante outras necessidades igualmente relevantes da casa.

Se a diretoria compreende que o elevador seria necessário, no entanto não é urgente, significa que o projeto é possível e que não deve ser descartado, realizando um planejamento para sua viabilidade no futuro.

Em relação àquela história do ar condicionado do salão, neste caso, seria importante os frequentadores avaliarem se, tanto o palestrante, quanto os ouvintes, assimilariam melhor a conferência se o ambiente estivesse fresco, ou sob intenso calor...

# 05

# Setores e áreas de atuação

– Perguntastes se a multiplicidade dos grupos, em uma mesma localidade, não seria de molde a gerar rivalidades prejudiciais à doutrina. (...) Haja, pois, luta entre eles, mas luta de grandeza d'alma, de abnegação, de bondade e de humildade. (Fénelon, XXII, Dissertações espíritas, *O Livro dos Médiuns*)

CONFIRMANDO A PROXIMIDADE da colônia espiritual com instituições daqui da Terra, vamos agora observar sua organização nos diferentes níveis setoriais apresentados no livro, com seus respectivos, Ministérios, Departamentos, Serviços e Governadoria.

As descrições a seguir foram retiradas integralmente do livro *Nosso Lar*, com adaptações para o atual capítulo.

## Governadoria

NA CRIAÇÃO DA colônia, a Governadoria foi o ponto de partida para a fundação e convergência dos seis ministérios.

Controla diretamente os serviços de distribuição e o patrimônio comum de Nosso Lar. É a sede movimentada de todos os assuntos administrativos, numerosos serviços de controle direto, como, por exemplo, o de alimentação, distribuição de energias elétricas, trânsito, transporte e outros. Suas torres emitem belos efeitos de luz. Realiza diariamente a oração com toda a cidade no local chamado Grande Templo da Governadoria.

Tem a prerrogativa de conceder a cidadania dos espíritos que se envolvem com as atividades da colônia e possui o Departamento de Contas que controla o tempo global de serviço dos espíritos de Nosso Lar.

## Ministério da Regeneração

UM DOS MINISTÉRIOS ligados às ações nas esferas terrestres. Conforme classifica Lísias, seus deveres na colônia são constituídos de testemunhos pesadíssimos.

Com o Governador atual, conseguiram elevação de *status* em Nosso Lar passando de departamento para ministério.

Quando os recém-chegados das zonas inferiores do Umbral se mostram refratários, são encaminhados para este ministério. Inclusive possui calabouços para isolamento dos recalcitrantes.

Tem a colaboração ativa de grupos chamados: – Irmãos da suportação e enfermagem dos perturbados.

Este foi o ministério que André Luiz, depois de recuperada a saúde, iniciou seu trabalho como aprendiz nas Câmaras de Retificação, nos departamentos femininos e masculinos.

## Ministério do Auxílio

OUTRO MINISTÉRIO LIGADO à esfera terrestre, com tarefas laboriosas e complicadas.

Como na Regeneração, possui um parque hospitalar, onde se encontra o Serviço de Assistência Médica deste ministério.

Os recém-chegados do Umbral que se revelam aptos a receber cooperação fraterna, ou seja, com menor rebeldia, são encaminhados para este local, como ocorreu com André Luiz.

Neste ministério também estão os cooperadores técnicos da Reencarnação, encarregados no trato com os ascendentes biológicos que constituirão o novo organismo.

Assim como no Ministério da Regeneração a alimentação dos trabalhadores é baseada em concentrado de caldo reconfortante e frutas perfumadas, tendo em vista os serviços pesados que as circunstâncias impõem, despendendo grande quantidade de energias.

Há repartições no Ministério do Auxílio absolutamente consagradas à manipulação de água pura, com certos princípios suscetíveis de serem captados na luz do Sol e no magnetismo espiritual, para finalidade terapêutica.

## Ministério do Esclarecimento

TAMBÉM FUNCIONA VOLTADO para a esfera terrestre, onde suas tarefas requisitam grande capacidade de trabalho e valores intelectuais profundos. É o ministério que abriga os cientistas da colônia.

Foram teimosos adversários da governadoria, no episódio sobre os serviços de alimentação, em Nosso Lar, quando houve a adaptação à inalação de princípios vitais da atmosfera, através da respiração, e água misturada a elementos solares, elétricos e magnéticos.

Depois de anos reconheceram o erro e cooperaram nos trabalhos de reajustamento.

Assim como no Ministério do Auxílio e da Comunicação os espíritos que revelam proveito, com o correr do tempo são admitidos aos campos destas atividades a fim de se prepararem, com eficiência, para futuras tarefas planetárias.

Neste ministério se encontram as escolas para crianças, apesar de também constatarmos que existem orientadores sábios nos diversos ministérios em geral.

No Esclarecimento temos os arquivos com a história da colônia, bem como das encarnações passadas de seus cidadãos, no Serviço de Recordações.

Sem revelar detalhes no livro, este ministério possui também os Gabinetes de Investigações e Pesquisas, além do Serviço de Preparação para a reencarnação.

## Ministério da Comunicação

REALIZA AÇÕES NA colônia ligadas à esfera terrestre, cujas tarefas exigem alta noção da responsabilidade individual, segundo nos conta Lísias.

É o órgão de notícias da colônia e atua também no Serviço de Vigilância de Nosso Lar, em luta incessante contra entidades malfazejas.

Para a reposição das energias, segundo a senhora Laura, os trabalhadores da Comunicação e do Esclarecimento consomem enorme quantidade de frutos em sua alimentação.

Esta organização promove o encontro, por meio de equipamentos especiais, dos encarnados na Terra com os desencarnados da colônia, quando há oportunidade e merecimento do solicitante.

Também atua nos encontros familiares de grau mais elevado com os espíritos da colônia, munindo-os, nos gabinetes transformatórios, de recursos fluídicos para a jornada entre os planos.

## Ministério da Elevação

ESTE MINISTÉRIO LIGA Nosso Lar ao plano superior. Somente alguns espíritos conseguem atividade prolongada no Ministério da Elevação, pois suas atividades requerem renúncia e iluminação.

A alimentação dos cooperadores é baseada no consumo de sucos e concentrados. No entanto, só depois de vinte e um anos de perseverantes demonstrações, por parte da Governadoria, este ministério aderiu ao novo programa, passando a abastecer-se apenas do indispensável.

Para demonstrar o nível espiritual dos cooperadores deste ministério, quando André vê pela primeira vez alguns deles, da Elevação e União Divina, percebe suas vestimentas em brilhantes claridades.

Neste ministério se localiza o Campo da Música, com luzes de indescritível beleza que banham extenso parque, onde se ostentam encantamentos de verdadeiro conto de fadas, com fontes luminosas que traçam quadros surpreendentes.

## Ministério da União Divina

ORGANIZAÇÃO DE MAIOR nível espiritual ligando, como o Ministério da Elevação, a colônia aos planos superiores: as ações da União Divina requerem conhecimento justo e sincera aplicação do amor universal.

Raríssimos os espíritos que alcançam intimidade nos trabalhos deste ministério.

Em conversa na casa de Lísias, André ouve que os fenômenos de alimentação na União Divina, atingem o inimaginável!...

O próprio Lísias explica que somente quatro entidades conseguiram ingressar, com responsabilidade definida, no curso de dez anos, no Ministério da União Divina.

No Bosque das Águas ocorre um dos raros serviços materiais da colônia realizado por este ministério: o serviço inicial de limpeza e suprimento de substâncias alimentares e curativas.

Os Ministros da União Divina são detentores do maior padrão de Espiritualidade Superior, cabendo-lhes a magnetização geral das águas do Rio Azul, a fim de que sirvam a todos os habitantes de Nosso Lar com a pureza imprescindível.

A senhora Laura nos conta que, em determinado ano, o Ministério da União Divina recebeu o pessoal do Ministério da Elevação, quando passaram pela colônia alguns Embaixadores da Harmonia.

Segundo o espírito Rossini em *Obras Póstumas*: "– O Espírito que tem o sentimento da harmonia é como o Espírito que tem a riqueza intelectual." Nem imaginamos o nível deste grupo tão seleto, não é mesmo?!

\*\*\*

Neste capítulo reunimos o máximo de informações para tentar entender o funcionamento de cada unidade administrativa de Nosso Lar, e compreender suas missões espirituais.

Pelas características das instituições da colônia, percebe-se a complexidade das diferentes áreas de atuação, no entanto, com as variantes do contexto espiritual, fica a percepção de que pouco se diferem na forma de atuar de nossas instituições e grupos espíritas daqui da Terra.

Talvez, precisemos apenas apreender melhor a essência espiritual destas atividades.

# 06

# Espírito de aprendiz

– Art. 4º – Para ser admitido como associado livre deve o candidato dirigir ao Presidente um pedido por escrito, apostilado por dois sócios titulares, que se tornam fiadores das intenções do postulante (...)

O pedido deve informar sumariamente: 1º, se o requerente já possui alguns conhecimentos do Espiritismo; 2º, o estado de sua convicção sobre os pontos fundamentais da ciência; 3º, o compromisso de se sujeitar em tudo ao regulamento. (Capítulo I – Fins e formação da Sociedade, Regulamento da Sociedade Parisiense de Estudos Espíritas, *O Livro dos Médiuns*)

A Nossa Casa, entre outras atividades, tem o seu núcleo de trabalhadores organizado em, aproximadamente, 20 grupos com objetivo de se qualificar por meio do estudo sistemático e aprofundado da doutrina espírita, realizar projetos de caridade, além de formar uma rede de amigos-irmãos em torno da proposta cristã.

De tempos em tempos, novas pessoas chegam ao centro espírita, no intuito de conhecer a religião e encontrar caminhos de elevação espiritual para seu mundo íntimo e familiar.

Sempre houve um diálogo contínuo, sobre qual o caminho a ser trilhado pelos recém-chegados, ficando por vezes certa lacuna de gestão para este caso.

O que ocorria, e percebemos que não é raro em outras instituições, é que os frequentadores, por si só, buscavam sua forma de resolver este encaminhamento sobre o percurso a seguir dentro da casa espírita.

Aqueles que decidiam ficar, com o tempo, se integravam a grupos de estudo, outros se interessavam em grupos exclusivamente de trabalho. Outros mais passavam meses, e até anos, assistindo palestras públicas, e construindo poucos laços de amizade no centro espírita.

Seria possível então estabelecermos um roteiro seguro para aqueles que buscam a casa para conhecer melhor essa ciência-filosofia-religião inovadora?

Se deixarmos para que o recém-chegado procure sozinho a forma de adquirir a sabedoria espírita-

-cristã, não estaríamos sinalizando que a doutrina, ou melhor o centro espírita, não possui regras de ação, disciplina e compromisso, que os espíritos superiores estão sempre nos compelindo? Então, vamos sondar como Nosso Lar trata seus recém-chegados?

André Luiz, antes de entrar na colônia, foi recebido por um experiente espírito: o Ministro Clarêncio.

O fato que nos chama a atenção, é que a partir deste momento, o velhinho simpático, se torna o responsável pela estada e roteiro de André Luiz dentro de Nosso Lar, como vemos na passagem do primeiro contato com Lísias, seu esclarecido enfermeiro de sorriso acolhedor:

É você o tutelado de Clarêncio? (Cap. 5, Recebendo assistência)

Mesmo depois de atendido pelos médicos e enfermeiros da colônia e restabelecida a sua saúde espiritual/perispiritual no Ministério do Auxílio, André não estava totalmente livre para fazer o que quisesse, se o seu intuito fosse verdadeiramente a elevação espiritual.

O tutelado recebia, sistematicamente, orientações dos mais experientes, de outros ministros e do próprio Clarêncio.

Novas concessões para André Luiz só ocorriam,

com base no progresso espiritual que o médico da Terra apresentava.

Em empreendimentos da Terra, provavelmente, ele teria o *status* de *trainee*, ou de estagiário. Onde um supervisor é responsável por sua atuação na organização.

Voltando o olhar para os grupos de nossa casa: a formação de novas equipes, ou a admissão de novos integrantes para realizar as tarefas de estudo, trabalho e desenvolvimento da fraternidade, poderiam ter como base a mesma proposta da colônia? Poderia o recém-ingresso se tornar um aprendiz espiritual?

No início de suas atividades laborais na colônia André Luiz ainda se mantém sob tutela de seu amigo acolhedor:

> Além disso, não obstante desdobrar atividades na Regeneração, o Ministro Clarêncio continuava a responsabilizar-se pela minha permanência na colônia. (Cap. 46, Sacrifício de mulher)

Pela experiência que vivenciamos na formação de grupos, o tempo de amadurecimento sobre o *modus operandi* da instituição é fundamental para que os neófitos tenham uma experiência plena e com roteiro bem encaminhado.

Estamos sempre ouvindo relatos de alguns amigos que, depois de anos, ainda se recordam com carinho daqueles irmãos que os acolheram na casa espírita.

Os Clarêncios de nossa casa poderiam ser uma espécie de *coaching* como é chamado no mundo administrativo. Um orientador como é denominado no meio acadêmico, por algum tempo. Até o momento em que os aprendizes possam andar com os próprios recursos. Essa abordagem serviria também para novos grupos inteiros. Tendo um ou dois irmãos mais experientes que poderiam dar as mãos aos principiantes nos primeiros passos da caminhada em direção ao desenvolvimento da espiritualidade.

O responsável por André Luiz sinaliza por esse caminho, vejamos a conversa com o enfermeiro Lísias:

> Ainda que me não seja possível acompanhá-lo, Clarêncio tem poderes para obter-lhe ingresso fácil em qualquer dependência. (Cap. 11, Notícias do plano)

Esse tema, possivelmente, suscita bons diálogos de nossos irmãos coordenadores de grupos, trabalhadores e diretoria executiva. O que reforça a importância deste tema, por conta de casos ocorridos no centro espírita onde, novos integrantes, tiveram dificuldades de inserção nos grupos.

Por outro lado, irmãos em conflitos íntimos,

imediatamente admitidos nas atividades de educação e trabalho, por vezes, poderiam causar certa desarmonia, prejudicando não só o clima entre os presentes, como sua própria condição na casa. Eis a importância de manter por perto os aprendizes, e auxiliá-los a superar as primeiras dificuldades. A passagem da senhora Laura e sua neta, sob sua tutela, ilustra bem a necessidade de prevenir aqueles que já estão integrados, e ao mesmo tempo ajudar de maneira específica os que precisam de atenção individualizada ou quem sabe, em menor agrupamento:

– Sua neta não vem à mesa para as refeições? – perguntei à dona da casa, ensaiando palestra mais íntima.

– Por enquanto, alimenta-se a sós esclareceu dona Laura –, a tolinha continua nervosa, abatida. Aqui, não trazemos à mesa qualquer pessoa que se manifeste perturbada ou desgostosa. (Cap. 19, A jovem desencarnada)

Isso não quer dizer a necessidade de mecanismo de separação, a ideia é justamente oposta, um trabalho em prol da inclusão paulatina e perene.

Há casas em que presenciamos processos de ingresso dos novos frequentadores no centro espírita, em que estes precisariam percorrer uma série de etapas básicas de estudo, por mais experientes e aptos que fossem para iniciar rapidamente ações no bem.

Uma política inclusiva no centro espírita demonstra o quanto a doutrina é uma religião voltada permanentemente para o progresso e que os passos evolutivos são caminhos sem volta. Deixando claras as etapas e o desejo de admitir um novo irmão à sua família espiritual, acolhendo-o de maneira fraternal, paternal, maternal, que seja, não estaríamos nos aproximando desta cultura demonstrada na espiritualidade por André Luiz?

O fim da história deste primeiro livro da série no mundo espiritual, não é nada mais, nada menos, que o reconhecimento dos companheiros espirituais pelo progresso efetuado por André Luiz no caminho percorrido como aprendiz da colônia até a admissão definitiva ao grupo de benfeitores de Nosso Lar:

> Mais de duzentos companheiros vinham ao meu encontro.
>
> Todos me saudavam, generosos e acolhedores, Lísias, Lascínia, Narcisa, Silveira, Tobias, Salústio e numerosos cooperadores das Câmaras ali estavam. Não sabia que atitude assumir, colhido, assim, de surpresa. Foi, então, que o

Ministro Clarêncio, surgindo à frente de todos, adiantou-se, estendeu-me a destra e falou:

– Até hoje, André, você era meu pupilo na cidade; mas, doravante, em nome da Governadoria, declaro-o cidadão de "Nosso Lar". (Cap. 50, Cidadão de "Nosso Lar")

# 07

# Tomada de decisão

> – Art. 11 – A comissão se compõe dos membros da diretoria e de cinco outros sócios titulares, escolhidos de preferência entre os que tiverem dado concurso ativo aos trabalhos da Sociedade, prestado serviços à causa do Espiritismo, ou demonstrado possuir ânimo benevolente e conciliador. Estes cinco membros são, como os da diretoria (...) A comissão tem a seu cargo o exame prévio de todas as questões e proposições administrativas, (...) examinar os trabalhos e assuntos de estudo...
> (Capítulo I – Fins e formação da Sociedade, Regulamento da Sociedade Parisiense de Estudos Espíritas, *O Livro dos Médiuns*)

EM TODA a história que se passa no livro *Nosso Lar*, mesmo quando há poderes para decisões unilaterais, existe um apoio coletivo ou a divisão de responsabilidade que torna, aqui na Terra, a proposta do Conselho Espírita do Estado do Rio de Janeiro – o CEERJ – de administração colegiada na casa espírita, um caminho importante a ser percorrido.

A centralização do poder de decisão, deixando em segundo plano os setores atuantes do centro espírita, pode conduzir a instituição, em um longo prazo, a uma trajetória unilateral e personalista, com desestímulo dos trabalhadores que operam no atendimento direto às pessoas.

Aparentemente, a própria espiritualidade reconhece que uma participação ampla dos atores sociais, independente se estamos lidando com uma família, agremiação, ou países, tende a facilitar o envolvimento da coletividade e, um agrupamento de ideias reunidas têm maior chance de alcançar o bom-senso.

Na iminência da 2ª Guerra Mundial, Lísias descreve o esforço da espiritualidade:

> Há muitos benfeitores devotados, lutando com sacrifícios em favor da concórdia internacional, nos gabinetes políticos. Alguns governos, no entanto, se encontram excessivamente centralizados, oferecendo escassas possibilidades à colaboração de natureza espiritual. (Cap. 24, O impressionante apelo)

Mesmo sabendo que há um governador para toda a cidade de Nosso Lar, o que muito nos chama a atenção, é o fato que este sempre divide a decisão com outros espíritos:

> O velho governante, contudo, nunca agiu por si só. Requisitou assistência de nobres mentores, que nos orientam através do Ministério da União Divina. (Cap. 9, Problema de alimentação)

Os ministérios de Nosso Lar são organizações administradas de forma colegiada, por um grupo de 12 espíritos, cada um, totalizando na colônia, junto ao governador, 72 ministros na condução dos destinos da colônia espiritual:

> A colônia, que é essencialmente de trabalho e realização, divide-se em seis Ministérios, orientados, cada qual, por doze Ministros. Temos os Ministérios da Regeneração, do Auxílio, da Comunicação, do Esclarecimento, da Elevação e da União Divina. Os quatro primeiros nos aproximam das esferas terrestres, os dois últimos nos ligam ao plano superior. (Cap. 8, Organização de serviços)

Isso não quer dizer, que essa modalidade compartilhada de gestão, seja tranquila e simples. O maior número de participantes em uma mesa de reunião, também significa a ampliação do diálogo de ideias e, não raro, com pensamentos distintos.

A passagem a seguir demonstra como uma decisão sobre a alimentação em Nosso Lar precipitou problemas de longo prazo na colônia:

> Tudo isso provocou enormes cisões nos órgãos coletivos de "Nosso Lar", dando ensejo a perigoso assalto das multidões obscuras do Umbral, que tentaram invadir a cidade, aproveitando brechas nos serviços de Regeneração, onde grande número de colaboradores entretinha certo intercâmbio clandestino, em virtude dos vícios de alimentação. (Cap. 9, Problema de alimentação)

Apesar do esforço de envolvimento, mesmo sendo uma ação liderada pelo próprio governador, um espírito de reconhecida elevação espiritual, e ter tomado a decisão com o apoio do ministério de maior nível espiritual, outros núcleos não compreenderam o alcance dos benefícios que a alimentação mais sutil poderia oferecer ao progresso dos habitantes da colônia:

> Ele (o governador), porém, solicitou audiência ao Ministério da União Divina e, depois de ouvir o nosso mais alto Conselho, mandou fechar provisoriamente o Ministério da Comunica-

ção, determinou funcionassem todos os calabouços da Regeneração para isolamento dos recalcitrantes, advertiu o Ministério do Esclarecimento, cujas impertinências suportou mais de trinta anos consecutivos, proibiu temporariamente os auxílios às regiões inferiores, e, pela primeira vez na sua administração, mandou ligar as baterias elétricas das muralhas da cidade, para emissão de dardos magnéticos a serviço da defesa comum. (Cap. 9, Problema de alimentação)

A tomada de decisão envolvendo causas difíceis para uma coletividade em uma casa espírita será sempre mais fácil se acontecer de forma compartilhada com grupos, coordenadores e diretores mais experientes, e melhor ainda, com a participação aberta aos trabalhadores.

Nem sempre o consenso, apesar de desejável, será possível. Neste, caso, será preciso se preparar com conhecimento doutrinário, exemplos de casos concretos, comunicação sistemática e, pelo que vimos na história de Nosso Lar, perseverança e compromisso com a causa.

Com a experiência adquirida pela Nossa Casa, percebemos que a diretoria executiva cresceu muito com os 7 membros efetivos e seus 7 suplentes, totalizando 14 diretores em ação.

Mais dinâmico ficou nosso centro, quando foi

possível envolver em reuniões mensais os coordenadores e trabalhadores dos grupos, com representantes de todas as áreas de atuação.

Como em um grande laboratório, e à semelhança da colônia, a casa espírita iguaçuana está experimentando e evoluindo. Como qualquer processo novo, algumas dificuldades ainda se apresentam: o que é normal.

Percebemos também que a transparência é outra qualidade importante e praticada na direção da colônia, para que as partes impactadas pela decisão saibam exatamente o porquê aquela iniciativa é necessária para o progresso comum.

Como nos conta Lísias, o esforço de comunicação e transparência do Governador foi intenso, para demonstrar a importância de sua decisão, quanto à reforma na alimentação espiritual:

> Vieram duzentos instrutores de uma esfera muito elevada, a fim de espalharem novos conhecimentos, relativos à ciência da respiração e da absorção de princípios vitais da atmosfera. Realizaram-se assembleias numerosas. (...) Prosseguiram as reuniões, providências e atividades, durante trinta anos consecutivos.
> (Cap. 9, Problema de alimentação)

Acabamos de ver nestas passagens de Nosso Lar que os desafios, mesmo claramente direcionados à melhoria coletiva e ao progresso dos espíritos, não são fáceis de implantar. Até para os espíritos mais elevados!

Portanto, aos gestores, cuja responsabilidade nos ombros é de puxar para frente e para o alto os frequentadores da casa espírita, fica a experiência do livro *Nosso Lar*: de que avançar é preciso, mesmo levando tempo, mesmo que precise, carinhosamente, ter firmeza com aqueles contrários às decisões. O importante é contar com o auxílio dos que também desejam a evolução e continuar avançando!...

Outra excelente ferramenta de gestão, que os responsáveis podem lançar mão para reduzir o impacto de uma proposta inovadora, é a pesquisa de organizações similares que possuem, reconhecidamente, as melhores práticas envolvendo um conjunto de atividades que se deseja aperfeiçoar nas equipes.

# 08

# Melhores práticas

– P. Frequentemente se há dito que muitos espíritos encarnariam para ajudar o movimento.

R. – Sem dúvida, muitos espíritos terão essa missão, mas cada um na sua especialidade, para agir, pela sua posição, sobre tal ou tal parte na sociedade. Todos se revelarão por suas obras e nenhum por qualquer pretensão à supremacia. (Allan Kardec, Meu sucessor, A minha primeira iniciação no espiritismo, *Obras Póstumas*)

UM DOS ASPECTOS que surpreenderam André Luiz foi o relato de Lísias sobre a história de Nosso Lar e perceber que ao longo do tempo melhorias eram implantadas gradativamente na colônia:

Nossos serviços são distribuídos numa organização que se aperfeiçoa dia a dia. (Cap. 8, Organização de serviços)

A preocupação dos dirigentes espirituais com a qualidade da prestação dos serviços, com o desenvolvimento das atividades e evolução dos espíritos gera continuamente um processo de melhoria na organização.

Ou seja, ao contrário do que André Luiz e muitos de nós inicialmente julgamos, após a desencarnação, não haverá um Céu, ou o equivalente em Plano Espiritual, com tudo funcionando maravilhosamente perfeito!

Fazendo o paralelo da história de uma colônia como Nosso Lar, com a história de uma cidade, ou de qualquer organização, até de uma casa espírita, talvez por sua condição evolutiva, vamos perceber muitas semelhanças de atuação.

Lísias explica uma prática, que na Terra os administradores chamam de *Benchmarking*, que nada mais é do que pesquisar outras organizações com atividades semelhantes e que são referência no que fazem, absorvendo o conhecimento e as práticas de ação, incorporando as técnicas bem-sucedidas para aprimoramento de sua própria instituição.

Então, com seu perfil de pesquisador, pergunta André Luiz:

– Partiu daqui a interessante formação de Ministérios?

– Sim, os missionários da criação de Nosso Lar visitaram os serviços de Alvorada Nova, uma das colônias espirituais mais importantes que nos circunvizinham e ali encontraram a divisão por departamentos.

Adotaram o processo, mas substituíram a palavra departamento por Ministério, com exceção dos serviços regeneradores, que, somente com o Governador atual, conseguiram elevação. Assim procederam, considerando que a organização em Ministérios é mais expressiva, como definição de espiritualidade. (Cap. 11, Notícias do plano)

Adaptações podem ser feitas à realidade e cultura locais, como a mudança executada pelos mentores no trecho que vimos acima.

Essa ação de observar as melhores práticas de outros núcleos acelera o processo de aprendizagem e evita a repetição de erros que a inexperiência geralmente traz.

Mesmo para os experientes irmãos que realizam atividades por anos é importante a aferição, por meio de outros pares, do nível de qualidade dos serviços espirituais prestados à sociedade.

Em Nosso Lar, os espíritos de elevada condição espiritual sabem da importância desse intercâmbio fora da colônia, como nos informa Lísias:

Os Ministros costumam excursionar noutras esferas, renovando energias e valorizando conhecimentos. (Cap. 8, Organização de serviços)

O contrário também pode e deve acontecer. Convidar companheiros de outras instituições ou grupos espíritas, no intuito de disseminar à casa suas experiências, pode fornecer grandes benefícios para o diálogo e amadurecimento dos trabalhadores no centro espírita.

Lembrando, mais uma vez, esta passagem abaixo, quando ocorreram os momentos de tensão da colônia, na mudança dos hábitos alimentares, os mentores contaram com um grande apoio externo, como nos conta Lísias:

> Vieram duzentos instrutores de uma esfera muito elevada, a fim de espalharem novos conhecimentos, relativos à ciência da respiração e da absorção de princípios vitais da atmosfera. Realizaram-se assembleias numerosas. (Cap. 9, Problema de alimentação)

O intercâmbio de ideias e ações no auxílio à elevação da espiritualidade entre as colônias é um dos aspectos mais relevantes a ser refletido pelos gestores dos grupos espíritas daqui da Terra.

Muitas vezes a rotina de uma atividade acarreta ações que não evoluem com o tempo.

Se a doutrina espírita é progressista por natureza, evolutiva como norma inquestionável, então tudo em que nos envolvermos deve trilhar o mesmo processo ascensional! No entanto, para evoluir, há a necessidade da realização de experiências contínuas, e ter consciência que sempre haverá erros e acertos. O importante é ter clara a necessidade de se aperfeiçoar continuamente, fazer análise crítica das atividades, aprender com os equívocos e reforçar as ações de sucesso.

A passagem seguinte, contada por Lísias, nos mostra esse espírito de intercâmbio e desenvolvimento entre os núcleos:

> Todas as experiências de grupo diversificam-se entre si e Nosso Lar constitui uma experiência coletiva dessa natureza. Segundo nossos arquivos, muitas vezes os que nos antecederam buscaram inspiração nos trabalhos de abnegados trabalhadores de outras esferas; em compensação, outros agrupamentos buscam o nosso concurso para outras colônias em formação. (Cap. 11, Notícias do plano)

A mãe de André Luiz reforça a cultura da colônia na experimentação para o progresso de todos:

> É por isso, André, que nossas atividades experimentais, no progresso comum, a partir da

esfera carnal, sofrem contínuas modificações todos os dias.

Tabelas, quadros, pagamentos, são modalidades de experimentação dos administradores, a que o Senhor concedeu a oportunidade de cooperar nas Obras Divinas da Vida... (Cap. 36, O sonho)

# 09

# Projetos e planos

– O erro é fácil, mesmo para os espíritos animados das melhores intenções. (Jorge – espírito familiar –, XXIV, Dissertações espíritas, *O Livro dos Médiuns*)

DIFICILMENTE SERÁ POSSÍVEL alguma ordem, algum progresso espiritual, se não dispormos de ferramentas para auxiliar a organização do trabalho.

É necessário elaborar as etapas a serem percorridas para o alcance dos objetivos que o grupo se propõe.

Interessante notar na explicação de Lísias as tarefas enumeradas e o foco na missão do Ministério do Auxílio:

> Estamos no local do Ministério do Auxílio. (...) Nesta zona, atende-se a doentes, ouvem-se

rogativas, selecionam-se preces, preparam-se reencarnações terrenas, organizam-se turmas de socorro aos habitantes do Umbral, ou aos que choram na Terra, estudam-se soluções para todos os processos que se prendem ao sofrimento. (Cap. 8, Organização de serviços)

O programa de trabalho da colônia é estruturado e delineado conforme a condição com que o espírito se apresente à organização.

Nesta outra narrativa, observamos interessante roteiro para que cada indivíduo seja atendido conforme suas necessidades e possibilidades:

> Quando os recém-chegados das zonas inferiores do Umbral se revelam aptos a receber cooperação fraterna, demoram no Ministério do Auxílio; quando, porém, se mostram refratários, são encaminhados ao Ministério da Regeneração. Se revelam proveito, com o correr do tempo são admitidos aos trabalhos de Auxílio, Comunicação e Esclarecimento, a fim de se prepararem, com eficiência, para futuras tarefas planetárias. Somente alguns conseguem atividade prolongada no Ministério da Elevação, e raríssimos, em cada dez anos, os que alcançam intimidade nos trabalhos da União Divina. (Cap. 11, Notícias do plano)

Planejar a execução de uma tarefa no presente torna a atividade eficaz, mas também podemos e devemos cuidar do futuro do grupo e de suas ações de desenvolvimento.

Seja qual for a linha de trabalho abraçada pelo grupo na casa espírita, se estes irmãos estiverem com o olhar para adiante, para o crescimento espiritual da equipe e da instituição como um todo, é necessário planejar projetos estruturados para médio e longo prazos também.

O Ministro Clarêncio estimula André Luiz a prosseguir com esse roteiro de pensamento:

> Estaremos a seu lado para resolver dificuldades presentes e estruturar projetos de futuro, mas não dispomos do tempo para voltar a zonas estéreis de lamentação. (Cap. 6, Precioso aviso)

Os projetos são como planos de trabalho com a mente no futuro, no entanto, com etapas cuja ações são realizadas no presente.

Ao projetarmos uma edificação para morarmos em alguns anos, temos o desenho de uma planta e, ao mesmo tempo, devemos começar a reunir recursos e cavar as bases para a fundação hoje!

Em outra passagem do livro, contado pela enfermeira Narcisa, percebemos como a espiritualidade se prepara para projetos de grande vulto para a coletividade:

Sem dúvida – prosseguiu a enfermeira, entusiasticamente – o projeto da Ministra despertou, segundo me informaram, aplausos francos em toda a colônia. Soube que tal se dera, havia precisamente quarenta anos. Iniciou-se, então, a campanha do "salão natural". Todos os Ministérios pediram cooperação, inclusive o da União Divina, que solicitou o concurso de Veneranda na organização de recintos dessa ordem, no Bosque das Águas.

Surgiram deliciosos recantos em toda parte. Os mais interessantes, todavia, a meu ver, são os que se instituíram nas escolas. Variam nas formas e dimensões. Nos parques de educação do Esclarecimento instalou a Ministra um verdadeiro castelo de vegetação, em forma de estrela, dentro do qual se abrigam cinco numerosas classes de aprendizados e cinco instrutores diferentes. No centro, funciona enorme aparelho destinado a demonstrações pela imagem, à maneira do cinematógrafo terrestre, com o qual é possível levar a efeito cinco projeções variadas, simultaneamente. Essa iniciativa melhorou consideravelmente a cidade, unindo no mesmo esforço o serviço proveitoso à utilidade prática e à beleza espiritual. (Cap. 32, Notícias de Veneranda)

Neste relato do projeto, sob liderança da Ministra Veneranda, percebemos o quanto o envolvimento com um grupo maior de pessoas em metas ambiciosas para benefício de todos pode gerar um grande sentimento de união e de pertencimento ao grupo, além da satisfação de ter participado de alguma forma no sucesso de uma empreitada deste nível.

Interessantes exemplos ocorreram na história recente de Nossa Casa, com ações que envolveram uma série de projetos de vulto: as reformas das salas e corredores do centro; a reforma dos brinquedos do playground para uma escola espírita carente; a legalização de uma série de documentos pendentes com órgãos públicos, inclusive o alvará definitivo de funcionamento; a sede do bazar; o amplo espaço da livraria e da cantina; o desenvolvimento de um livro com a história de quase cem anos da instituição; a doação de mantimentos a uma dezena de instituições carentes; o atendimento espiritual e material de centenas de pessoas nas ruas e o auxílio por telefone; a construção de complexo sistema de prevenção de incêndio e tantos outros projetos que certamente estamos correndo o risco de injustamente esquecer.

Se esmorecermos na elaboração de novos projetos de ação corremos o risco de estagnar a casa espírita, bem como o grupo que se limitar a realizar sempre a mesma tarefa com o mesmo núcleo de pessoas.

Projetos geram desafios que estimulam a prosseguir, sem eles a rotina tende ao desestímulo pelo seu contínuo andar em círculos.

Com metas, pode-se alcançar o impensável! Há um momento em que André Luiz caminhando pelas ruas de Nosso Lar, ouve a seguinte conversa:

> Mas agora – objetou o companheiro, desapontado – parece que serei compelido a modificar meu programa de trabalho.
>
> O outro sorriu e ponderou:
>
> – Helvécio, Helvécio, esqueçamos o 'meu programa' para pensar em 'nossos programas'.
> (Cap. 41, Convocados à luta)

A preocupação do irmão espiritual Helvécio e seu amigo demonstra a importância de pensarmos em grupo, da necessidade de realizar programas de ação em comum.

O constante estímulo na casa espírita de formação de grupos, fomentando a coesão por meio de planos de trabalho e projetos, facilita esse espírito de solidariedade.

Na mesma linha de agrupar os indivíduos com propósitos e sentimentos em comum, a casa espírita, deve orientar a integração entre os grupos com projetos comuns e, por fim, se este conceito de integração em rede se estende entre centros espíritas, imagine aonde isso poderia chegar em matéria de realização no bem! Quando lembramos a história longínqua de nossa instituição, aproximadamente 70 anos atrás, é maravilhoso saber que nossos confrades se uniram com outras dez casas espíritas e construíram em um imenso terreno, perto do centro da cidade de Nova Iguaçu, um lar para meninas órfãs.

O pedido do Governador, imediatamente traçando objetivos claros e linhas gerais para atuação dos trabalhadores, demonstra a importância de planos de ação simples e assertivos:

> Nosso Lar é um patrimônio divino, que precisamos defender com todas as energias do coração. Quem não sabe preservar, não é digno de usufruir. Preparemos, pois, legiões de trabalhadores que operem esclarecendo e consolando, na Terra, no Umbral e nas Trevas, em missões de amor fraternal; mas precisamos organizar, neste Ministério, antes de tudo, uma legião especial de defesa, que nos garanta as realizações espirituais, em nossas fronteiras vibratórias. (Cap. 42, A palavra do Governador)

O tamanho do trabalho em que um ou mais grupos pretendem se envolver deve ser bem estudado, para que seu alcance tenha maior probabilidade de sucesso. Muitas vezes, abrir mais de uma frente de ação pode ajudar a diversificar o bem que se quer multiplicar, mas com ponderação e cautela. André Luiz, ao ouvir a convocação para outra missão, se sente tentado a participar também da nova tarefa, e ouve o seguinte comentário de seu amigo Tobias:

– André, você está começando agora uma tarefa nova. Não se precipite, solicitando acréscimo de responsabilidade. Haverá serviço para todos, disse-nos, ainda agora, o Governador. Não se esqueça de que as nossas Câmaras de Retificação constituem núcleos de esforço ativo, dia e noite. Não se aflija. Recorde que trinta mil servidores vão ser convocados para a vigilância permanente. Destarte, na retaguarda, serão muito grandes os claros a preencher. (Cap. 43, Em conversação)

Nesta passagem, é interessante notar como os planos de trabalho são articulados. Atuam por processo em linha: a equipe denominada de Samaritanos resgata os espíritos no Umbral, para em seguida encaminhá-los para outra equipe, especializada no tratamento, que por sua vez, os direciona para o aprendizado e o trabalho nos demais ministérios.

Poderíamos igualmente pensar em formas de

atuação semelhante na casa espírita, que previsse esse fluxo de encaminhamento para o desenvolvimento dos frequentadores no centro espírita? Como afirma Lísias:

> Organização é atributo dos espíritos organizados. (Cap. 12, O Umbral)

Entendemos maior organização, não só no sentido de que tudo está no seu devido lugar e no momento certo, mas também porque há uma ordem evolutiva, com planos de aperfeiçoamento.

Por certo, espíritos organizados poderão usufruir de maiores benefícios como veremos no capítulo a seguir.

# 10
# Merecimento

– Estais convencidos de que o Espiritismo acarretará uma reforma moral. Seja, pois, o vosso grupo o primeiro a dar exemplo das virtudes cristãs, visto que, nesta época de egoísmo, é nas Sociedades espíritas que a verdadeira caridade há de encontrar refúgio[1].

COMO OCORREU COM nosso protagonista ainda no tempo de encarnado, ainda temos dificuldade de entender os caminhos que devem ser percorridos em nossas vidas e quais são os critérios para aproveitar

---

[1] Conhecemos um senhor que foi aceito para um emprego de confiança, numa casa importante, porque era espírita sincero. Entenderam que as suas crenças eram uma garantia da sua moralidade. (Fénelon, XXI, Dissertações Espíritas, *O Livro dos Médiuns*)

melhor as oportunidades e as graças que são enviadas do alto.

André Luiz, em uma espécie de atendimento fraterno com o velhinho simpático que o acolheu no umbral, desabafa:

> No planeta, vicissitudes, desenganos, doenças, incompreensões e amarguras, abafando escassas notas de alegria; depois, os sofrimentos da morte do corpo... Em seguida, martirizações no além-túmulo!
>
> Que será, então, a vida? Sucessivo desenrolar de misérias e lágrimas? Não haverá recurso à semeadura da paz? Por mais que deseje firmar-me no otimismo, sinto que a noção de infelicidade me bloqueia o espírito, como terrível cárcere do coração. Que desventurado destino, generoso benfeitor! (Cap. 6, Precioso aviso)

Seu amigo e cuidador Lísias, com a forma simples de explicar, nos fornece pistas importantes sobre a possibilidade de aquisição de benefícios espirituais:

> Quando alguém deseja algo ardentemente, já se encontra a caminho da realização.
>
> ... a realização nobre exige três requisitos fun-

damentais, a saber: primeiro, desejar; segundo, saber desejar; e, terceiro, merecer, ou, por outros termos, vontade ativa, trabalho persistente e merecimento justo. (Cap. 7, Explicações de Lísias)

Como então, poderiam os gestores no centro espírita auxiliar os frequentadores da casa a se desenvolverem espiritualmente e aperfeiçoar o processo de desejo correto e merecimento justo?

Vejamos a passagem em que dona Laura espécie de madrinha espiritual de André, recebe concessões importantes, intermediadas pelo setor de mais alto nível da colônia:

> E não podemos esquecer que Laura volta à Terra com extraordinários créditos espirituais. Ainda hoje, o Gabinete da Governadoria forneceu uma nota ao Ministério do Auxílio, recomendando aos cooperadores técnicos da Reencarnação o máximo cuidado no trato com os ascendentes biológicos que vão entrar em função para constituir o novo organismo de nossa irmã.
>
> – Ah! É verdade – disse ela – pedi essa providência para que não me encontre demasiadamente sujeita à lei da hereditariedade. Tenho tido grande preocupação, relativamente ao sangue. (Cap. 47, A volta de Laura)

A expressão dita no texto que a senhora Laura possui créditos espirituais nos chama a atenção. Que tipo de crédito é esse? De que forma poderíamos também envolver, além de nós mesmos, outros irmãos que participam de nosso círculo de desenvolvimento espiritual, para que também mereçam esses créditos?

As explicações da senhora Laura esclarecem o processo da espiritualidade na aquisição de direitos. Não poderiam ser outros senão a aquisição de deveres...

> Os que trabalham, porém, adquirem direitos justos. Cada habitante de Nosso Lar recebe provisões de pão e roupa, no que se refere ao estritamente necessário; mas os que se esforçam na obtenção do bônus-hora conseguem certas prerrogativas na comunidade social. O espírito que ainda não trabalha, poderá ser abrigado aqui; no entanto, os que cooperem podem ter casa própria. O ocioso vestirá, sem dúvida; mas o operário dedicado vestirá o que melhor lhe pareça; compreendeu? Os inativos podem permanecer nos campos de repouso, ou nos parques de tratamento, favorecidos pela intercessão de amigos; entretanto, as almas operosas conquistam o bônus-hora e podem gozar a companhia de irmãos queridos, nos lugares consagrados ao entretenimento,

ou o contacto de orientadores sábios, nas diversas escolas dos Ministérios em geral. (Cap. 22, O bônus-hora)

Outro ponto que demonstra a semelhança na vida de Nosso Lar com a nossa daqui da Terra! Por certo, com maior justiça social. Até para a aquisição de uma casa no plano espiritual as regras são como no mundo material:

> Tal como se dá na Terra, a propriedade aqui é relativa. Nossas aquisições são feitas à base de horas de trabalho. (Cap. 21, Continuando a palestra)

Esse paralelo dos benefícios na Terra com os da espiritualidade é confirmado por Clarêncio em orientação a André Luiz:

> Não se interessava pelas remunerações justas, pelas expressões de conforto, com possibilidades de atender à família? Aqui, o programa não é diferente. Apenas divergem os detalhes. Nos círculos carnais, a convenção e a garantia monetária; aqui, o trabalho e as aquisições definitivas do espírito imortal. (Cap. 6, Precioso aviso)

Outros benefícios aparecem na história de Nosso Lar, alguns de emoção intensa. A senhora Laura e seus filhos, diante de um grande aparato tecnológico e equipes envolvidas, recebe em sua casa espiritual, a visita do futuro marido, Ricardo, já encarnado na Terra como uma criança.

Com méritos espirituais adquiridos quando ainda era morador de Nosso Lar, Ricardo em sua breve aparição demonstra imensa gratidão e felicidade pelas bênçãos recebidas:

> – Oh! meus filhos, como é grande a bondade de Jesus, que nos aureolou o culto doméstico do Evangelho com as supremas alegrias desta noite! Nesta sala temos procurado, juntos, o caminho das esferas superiores; muitas vezes recebemos o pão espiritual da vida e é, ainda aqui, que nos reencontramos para o estímulo santo. Como sou feliz! (Cap. 48, Culto familiar)

Logo em seguida, Ricardo surpreende André Luiz, e certamente uma boa parcela de nós, com o seguinte pedido inesperado:

> – Ah! filhos meus, alguma coisa tenho a pedir-lhes do fundo de minhalma! roguem ao Senhor para que eu nunca disponha de facilidades na Terra, a fim de que a luz da gratidão e do entendimento permaneça viva em meu espírito!... (Cap. 48, Culto familiar)

Quanto mais pesquisamos a obra *Nosso Lar*, atentos aos detalhes, mais nos surpreendemos como, determinados diálogos, podem ser preciosos encaminhamentos para soluções aparentemente complexas na instituição ou no grupo espírita, todavia são relativamente simples se compreendidas em sua essência. O ministro Clarêncio, ao esclarecer na audiência uma senhora idosa, sobre a impossibilidade de atendimento de seu pedido de auxílio, é carinhosamente taxativo:

> Os que não cooperam não recebem cooperação. Isso é da lei eterna. (Cap. 13, No gabinete do Ministro)

André Luiz, por sua vez, depois de anos vagando no umbral e mais um ano de colaboração útil na colônia recebe sua graça há tanto tempo esperada:

> – Você tem regular quantidade de horas de trabalho extraordinário a seu favor. Não será difícil a Genésio conceder-lhe uma semana de ausência, depois do primeiro ano de cooperação ativa.
>
> Possuído de júbilo intenso, agradeci, chorando e rindo ao mesmo tempo. Ia, enfim, rever a esposa e os filhos amados. (Cap. 48, Culto familiar)

Com as considerações da espiritualidade é fácil lembrar a prece de Francisco de Assis, que segue a mesma premissa de doação e benefício.

Esse nobre espírito, ajudou na idade média, a encontrar uma nova prática cristã, diferente do usual que era seguida pela maioria dos religiosos da época, e nos ofereceu, junto com Clara de Assis, testemunhos de espiritualidade elevada.

Foi mais um inesquecível Chico que, compreendendo Jesus, mudou paradigmas para a vida imortal...

# 11

# Paradigmas

– Formada a princípio de elementos pouco homogêneos e de pessoas de boa vontade, que eram aceitas com facilidade um tanto excessiva, a Sociedade se viu sujeita a muitas vicissitudes, que não foram dos menores percalços da minha tarefa. (Allan Kardec, Fundação da Sociedade Espírita de Paris, A minha primeira iniciação no espiritismo, *Obras Póstumas*)

AQUELES QUE FAZEM parte de algum compromisso de direção na casa espírita ou coordenação de equipes têm sempre o desafio de manter um ambiente harmonioso na instituição.

A dificuldade dos gestores é saber o quanto essa harmonia está de acordo com leis de equilíbrio das diversas possibilidades de progresso do centro ou, se na verdade, a aparente tranquilidade está mais para um estado morno de atuação, onde a aparente calma pode ser reflexo de pequena mobilidade espiritual, ou seja, uma acomodação no desenvolvimento.

De tempos em tempos, como ocorre em qualquer área da vida é necessária uma nova perspectiva que solucione os diferentes, ou os mesmos, problemas que enfrentamos, revendo paradigmas.

Alguns modelos de atuação são perpetuados apenas pelo fato de que sempre foi assim, ou como única forma possível de atendimento a determinados objetivos.

Quando o governador de Nosso Lar resolveu que era hora de estabelecer um novo padrão de alimentação, grande parte da coletividade da colônia enfrentou o magnânimo espírito:

> Algumas entidades eminentes chegaram a formular protestos de caráter público, reclamando. Por mais de dez vezes, o Ministério do Auxílio esteve superlotado de enfermos, onde se confessavam vítimas do novo sistema de alimentação deficiente. Nesses períodos, os opositores da redução multiplicavam acusações. (Cap. 9, Problema de alimentação)

Não são raros os problemas enfrentados em grupos ou centros espíritas, onde parte de seus integrantes se indispõem com outra parte. Muitos

DE NOSSO LAR PARA NOSSA CASA | 109

alegam necessidade de renovação do programa implantado pela casa, outros preferem o oposto, julgando que as possíveis inovações são, na verdade, causas de perturbações.

Percebemos que esses ciclos ocorrem também na própria espiritualidade. O que é necessário aperfeiçoar na administração amenizando potenciais conflitos quando se decide por uma ação na coletividade, é estabelecer um roteiro de redução do impacto.

Nesta passagem a seguir, contada por Lísias, observamos um perseverante Governador envolvendo os moradores rebelados:

> (o Governador) Convocava os adversários da medida a palácio e expunha-lhes, paternalmente, os projetos e finalidades do regime; destacava a superioridade dos métodos de espiritualização, facilitava aos mais rebeldes inimigos do novo processo variadas excursões de estudo, em planos mais elevados que o nosso, ganhando, assim, maior número de adeptos.
> (Cap. 9, Problema de alimentação)

Ao tomar conhecimento da história de Nosso Lar, percebemos que os ventos das mudanças renovadoras são inevitáveis, e são também provocadas pela alta direção da organização espiritual. Até mesmo os espíritos do ministério que atuam nas atividades ligadas ao conhecimento foram os mais fortes adversários da proposta de mudança com objetivos de progresso:

> Depois de vinte e um anos de perseverantes demonstrações, por parte da Governadoria, aderiu o Ministério da Elevação, passando a abastecer-se apenas do indispensável. O mesmo não aconteceu com o Ministério do Esclarecimento, que demorou muito a assumir compromisso, em vista dos numerosos espíritos dedicados às ciências matemáticas, que ali trabalham. (Cap. 9, Problema de alimentação)

Outro episódio marcante ocorreu quando o governador de Nosso Lar ao assumir a gestão apoiou um dos ministros na mudança de padrão cultural da colônia.

Produziu-se um novo paradigma comportamental, baseado na decisão de restringir as comunicações entre desencarnados e encarnados na colônia:

> O ex-governador era talvez demasiadamente tolerante. A bondade desviada provoca indisciplinas e quedas. E, de quando em quando, as notícias dos afeiçoados terrestres punham muitas famílias em polvorosa. Os desastres coletivos no mundo, quando interessassem

algumas entidades em Nosso Lar, eram aqui verdadeiras calamidades públicas. (...). Amparado pela União Divina, o governador proibiu o intercâmbio generalizado. Houve luta. Mas o ministro generoso, que incrementou a medida, valeu-se do ensinamento de Jesus que manda os mortos enterrarem seus mortos e a inovação se tornou vitoriosa em pouco tempo. (Cap. 23, Saber ouvir)

Aqui percebemos, mais uma vez, uma decisão firme, do ministro da União Divina que, com base no Evangelho, estabeleceu com o governador um novo modelo de atuação aprimorando o trabalho de intercâmbio.

Como vimos anteriormente, André Luiz, não pôde ver sua família automaticamente. Seu progresso espiritual foi a condição para o benefício.

Um paradigma que estabeleceu regras rigorosas de disciplina aos moradores da colônia.

Lições que nos fazem refletir sobre os caminhos a serem trilhados pelo centro espírita.

Eventualmente, podemos sim nos perguntar se há novas formas de ação que possam trazer melhor qualidade, maior eficácia, envolvendo grande número de beneficiados espiritualmente.

Como dizem os gurus administrativos: tudo pode ser melhorado!

Para tanto é preciso se organizar e realizar periodicamente análise dos resultados e sempre que possível planejar cada ciclo invocando a participação do grupo para ideias renovadoras.

Passada a tempestade, a colônia voltou à tranquilidade, no entanto, já não era mais a mesma, pois se encontrava em um patamar evolutivo mais elevado:

> Findo o período mais agudo, a Governadoria estava vitoriosa. O próprio Ministério do Esclarecimento reconheceu o erro e cooperou nos trabalhos de reajustamento. Houve, nesse comenos, regozijo público e dizem que, em meio da alegria geral, o governador chorou sensibilizado, declarando que a compreensão geral constituía o verdadeiro prêmio ao seu coração. A cidade voltou ao movimento normal. O antigo Departamento da Regeneração foi convertido em Ministério. (Cap. 9, Problema de alimentação)

Com o tempo, os resultados podem falar por si só. Segundo relato de Lísias, os próprios moradores atuais da colônia são agradecidos pelas mudanças de padrão que desfrutam:

> Presentemente, todos reconhecem que a suposta impertinência do governador representou medida de elevado alcance para nos-

sa libertação espiritual. (Cap. 9, Problema de alimentação)

Difícil acreditar quem deixaria de se entusiasmar com inovações e aperfeiçoamentos incrementais, bem estudadas, baseadas em conteúdos espiritistas, somado à elevada ciência e filosofia humanas, como auxílio permanente no processo de evolução da espiritualidade.

No entanto, se no mundo espiritual não foi fácil, com os mentores de elevado nível suportando um grande motim, por um tempo longo de pressão em diversos flancos... Provavelmente, as lutas aqui na Terra, nas instituições espíritas, ainda continuarão por algum tempo sendo trabalhosas!

Resta-nos, perseverar e melhorar a abordagem de comunicação com os trabalhadores, coordenadores e dirigentes da casa espírita.

Diante de tantos embates, percebemos que existem valores inegociáveis para a espiritualidade, e se bem compreendidas, podem auxiliar o processo evolutivo.

Dentre esses valores: a disciplina e o comprometimento.

# 12

# Disciplina e comprometimento

> – Segundo a minha maneira de apreciar as coisas, calculava eu que ainda me faltavam cerca de dez anos para conclusão dos meus trabalhos; mas, a ninguém falara disso. Achei-me, pois, muito surpreendido, ao receber de um dos meus correspondentes de Limoges uma comunicação dada espontaneamente, em que o Espírito, falando de meus trabalhos, dizia que dez anos se passariam antes que eu os terminasse. (Allan Kardec, Duração dos meus trabalhos, A minha primeira iniciação no espiritismo, *Obras Póstumas*)

UMA DAS IDEIAS chaves que percebemos na obra *Nosso Lar*, e que pode contribuir na filosofia de gestão de um centro espírita, é o alto nível de comprometimento desejado pela espiritualidade.

Em todo projeto que se propõe iniciar, independente do grau de dificuldade que ele apresente, aparece sempre a necessidade de um comportamento determinado e disciplinado. A começar pelo início do próprio grupo espiritual:

> Nosso Lar é antiga fundação de portugueses distintos, desencarnados no Brasil, no século XVI. (...) Os trabalhos primordiais foram desanimadores, mesmo para os espíritos fortes. (...) Prosseguiram na obra... serviço perseverante, solidariedade fraterna, amor espiritual. (Cap. 8, Organização de serviços)

Consolidado o empreendimento que abriga espíritos de diferentes ordens evolutivas, permeia nas relações de educação e trabalho (se é que se pode separar essas duas categorias), uma rígida regra de conduta, esclarecida por Lísias:

> ... a instituição (Nosso Lar) é eminentemente rigorosa, no que concerne à ordem e à hierarquia. Nenhuma condição de destaque é concedida aqui a título de favor. (Cap. 11, Notícias do plano)

Na casa espírita, podem ser mapeados mais de uma centena de atividades possíveis, e seu bom funcionamento, sob a ótica da disciplina, aparentemente, é parte de um dos requisitos fundamentais para o desenvolvimento espiritual. A colônia, no entanto, organiza suas atividades com equilíbrio, para que a contribuição de cada um seja justa com todos os integrantes:

> Aqui, em verdade, a lei do descanso é rigorosamente observada, para que determinados servidores não fiquem mais sobrecarregados que outros; mas a lei do trabalho é também rigorosamente cumprida. (Cap. 11, Notícias do plano)

Sempre se observando o contexto, em determinados grupos ou instituições, alguns terão maior condição de desenvolver uma ou mais ações para o bem comum.

No entanto, é interessante observar esse critério da espiritualidade de distribuição de tarefas, impedindo a sobrecarga de uns poucos e a falta de atuação de outros, seja por acomodação ou por falta de oportunidade e integração na coletividade.

Comprometer-se com o progresso espiritual de si mesmo e do centro espírita como um todo, segundo nos mostra as orientações da senhora Laura, requer atenção ao comportamento disciplinado:

> O verdadeiro ganho da criatura é de natureza espiritual e o bônus-hora, em nossa organização, modifica-se em valor substancial, segundo a natureza dos nossos serviços. (...) As aquisições fundamentais constituem-se de experiência, educação, enriquecimento de bênçãos divinas, extensão de possibilidades. Nesse prisma, os fatores assiduidade e dedicação representam, aqui, quase tudo. (Cap. 22, O bônus-hora)

No começo do envolvimento de André Luiz com as tarefas de Nosso Lar, não houve necessidade de conteúdo aprofundado e domínio de técnicas espirituais complexas.

O ex-médico da Terra foi encaminhado a observar o ministério dos socorristas nas áreas mais difíceis e pesadas da colônia.

Notamos a importância que é dada à dedicação e à assiduidade, o que é quase uma redundância comportamental se meditarmos na relevância do compromisso assumido.

Provavelmente alguns dirigentes irão dizer que por aqui, nas atividades espiritistas terrenas, ainda é um desafio permanente a ser enfrentado em alguns núcleos...

A passagem a seguir, contada por André Luiz, mostra que um recém-ingresso na casa espírita, que esteja em boas condições de saúde espiritual, poderia ser envolvido de pronto em projetos de auxílio e contribuição no bem:

> Narcisa fazia o possível por atender prontamente à tarefa de limpeza, mas debalde. Grande número deles deixava escapar a mesma substância negra e fétida. Foi então, que, instintivamente, me agarrei aos petrechos de higiene e lancei-me ao trabalho com ardor. A servidora parecia contente com o auxílio humilde do novo irmão, ao passo que Tobias me dispensava olhares satisfeitos e agradecidos.
>
> O serviço continuou por todo o dia, custando-me abençoado suor, e nenhum amigo do mundo poderia avaliar a alegria sublime do médico que recomeçava a educação de si mesmo, na enfermagem rudimentar. (Cap. 27, O trabalho, enfim)

A senhora Hilda, após se recuperar das dificuldades que a atormentavam, aconselhada por sua avó na espiritualidade, muda seu padrão de comportamento e, resoluta, decide pelo caminho da evolução:

> Trabalhei, então, intensamente. Consagrei-me ao estudo sério, ao melhoramento moral de mim mesma, busquei ajudar a todos, sem dis-

tinção, em nosso antigo lar terrestre. (Cap. 38, O caso Tobias)

O Governador de Nosso Lar aparece como uma exceção em relação ao repouso, trabalhando sem interrupção. No momento de sua palestra de convocação, nos fornece uma lição importante, sobre como atuar em nossas responsabilidades com serenidade e dignidade:

> A aflição não constrói, a ansiedade não edifica. Saibamos ser dignos do clarim do Senhor, atendendo-Lhe a Vontade Divina no trabalho silencioso, em nossos postos. (Cap. 41, Convocados à luta)

Em outro momento, André Luiz, fora de seu posto de atuação habitual, se prontifica a prestar auxílio em determinado evento, se unindo aos demais cooperadores.

Mais uma vez, André se sente feliz com o trabalho extra, simples, no entanto de grande significado para ele:

> ... tive a honra de integrar o quadro de cooperadores numerosos, no trabalho de limpeza e ornamentação natural do grande salão consagrado ao chefe maior da colônia. (Cap. 42, A palavra do Governador)

Para proteger a instituição Nosso Lar dos ataques das regiões inferiores, o Governador, especifica qual o processo disciplinar a que 30.000 trabalhadores deverão se submeter, para alcance do objetivo:

> Nosso Lar precisa de trinta mil servidores adestrados no serviço defensivo, trinta mil trabalhadores que não meçam necessidade de repouso, nem conveniências pessoais, enquanto perdurar nossa batalha com as forças desencadeadas do crime e da ignorância. Haverá serviço para todos, nas regiões de limite vibratório (...) (Cap. 42, A palavra do Governador)

Podemos arriscar que a rápida ascensão espiritual de André Luiz, de espírito doente resgatado das regiões umbralinas, a cidadão homenageado por centenas de espíritos da colônia, está diretamente ligada à postura de aprendiz: humilde e disciplinado, bem como, o engajamento de forma comprometida com a autoeducação e o trabalho no bem.

Eis a narrativa de André:

> Não obstante a escassez dos meus dias de serviço, já dedicava grande amor àquelas Câmaras. As visitas diárias do Ministro Genésio, a companhia de Narcisa, a inspiração de Tobias,

a camaradagem dos companheiros, tudo isso me falava particularmente ao espírito. Narcisa, Salústio e eu aproveitávamos todos os instantes de folga para melhorar o interior, aqui e ali, suavizando a situação dos enfermos, que estimávamos de todo o coração, como se fossem nossos filhos. (Cap. 45, No Campo da Música)

Em Nossa Casa, com seus grupos organizados em dezenas de projetos de solidariedade cristã, deve-se realizar periodicamente, um diálogo honesto e fraternal sobre os benefícios que a observância da disciplina pode trazer para seus integrantes.

Podemos extrair outras perspectivas dos ensinamentos desta colônia espiritual ligados a comportamentos espiritualizados, nos ajudando a compreender melhor o conceito de vivência espírita que experimentamos em nossa casa.

# 13

# Vivência e convivência

– Para o objetivo providencial, portanto, é que devem tender todas as sociedades espíritas sérias, grupando todos os que se achem animados dos mesmos sentimentos. Então, haverá união entre elas, simpatia, fraternidade, em vez de vão e pueril antagonismo, nascido do amor-próprio, mais de palavras do que de fatos; então, elas serão fortes e poderosas, porque assentarão em inabalável alicerce: o bem para todos.

(Item 350, *O Livro dos Médiuns*)

QUANDO CONVIDAMOS os frequentadores das palestras públicas em Nossa Casa, a participarem da formação de grupos, à semelhança da convocação do Governador da colônia, nossa proposta é encontrar meios de ampliar e aprofundar a visão doutrinária, descobrir novos campos de ação na caridade e formar laços de amizade sob base cristã.

Nesses grupos iniciamos, experimentalmente, novas abordagens de educação espiritual no qual denominamos de Grupos de Vivência Espírita. Nos primeiros passos ainda tateávamos no *modus operandi*, mas aos poucos, com experiências absorvidas em outras casas espíritas, bem como nos baseando na literatura espírita e não espírita, além de contar com o apoio e interesse dos novos amigos integrantes, fomos crescendo em entendimento e percebemos o potencial espiritual e organizacional se continuarmos nesta linha de ação.

Um dos momentos que aparece na publicação de *Nosso Lar*, e que nos chama atenção por causa da proximidade com a proposta dos grupos de vivência é a lição que reproduzimos a seguir de dona Laura:

> Não se lembra do ensino evangélico do "amai-vos uns aos outros"? – prosseguiu a mãe de Lísias atenciosa – Jesus não preceituou esses princípios objetivando tão somente os casos de caridade, nos quais todos aprenderemos, mais dia menos dia, que a prática do bem constitui simples dever. Aconselhava-nos, igualmente, a nos alimentarmos uns aos outros, no campo da fraternidade e da simpatia. O homem en-

carnado saberá, mais tarde, que a conversação amiga, o gesto afetuoso, a bondade recíproca, a confiança mútua, a luz da compreensão, o interesse fraternal – patrimônios que se derivam naturalmente do amor profundo – constituem sólidos alimentos para a vida em si. (Cap. 18, Amor, alimento das almas)

Essa passagem, se bem compreendida, é um dos segredos para consolidar ainda mais os laços de amizade que podem ser construídos nos grupos do centro espírita.

Sabemos que os grupos de estudo têm também chance de desenvolver essa rede fraternal, no entanto, percebemos que ao agregar projetos de caridade, trabalhando o amor ao próximo, educando-se, à medida que se instrui; pelas nossas observações, ocorre maior aprofundamento da amizade entre esses companheiros.

Ato contínuo, dona Laura reafirma seu conselho a André Luiz, no compromisso com a realização permanente:

> Aprenda a construir o seu círculo de simpatias e não olvide que o espírito de investigação deve manifestar-se após o espírito de serviço. Pesquisar atividades alheias, sem testemunhos no bem, pode ser criminoso atrevimento. Muitos fracassos, nas edificações do

mundo, originam-se de semelhante anomalia. Todos querem observar, raros se dispõem a realizar. Somente o trabalho digno confere ao espírito o merecimento indispensável a quaisquer direitos novos. O Ministério da Regeneração está repleto de lutas pesadas, localizando-se ali a região mais baixa de nossa colônia espiritual. Saem de lá todas as turmas destinadas aos serviços mais árduos. Não se considere, porém, humilhado por atender às tarefas humildes. Lembro-lhe que em todas as nossas esferas, desde o planeta até os núcleos mais elevados das zonas superiores, em nos referindo à Terra, o Maior Trabalhador é o próprio Cristo e que ele não desdenhou o serrote pesado de uma carpintaria. (Cap. 25, Generoso alvitre)

A história contada por André Luiz mostra o outro lado, daquele que não se esforça em se envolver e conviver para realização do bem. O ministro Clarêncio aconselha uma das senhoras que vem pedir-lhe auxílio:

– É de lamentar – elucidou Clarêncio, sorrindo –, pois aqui se hospeda, há mais de seis anos, e apenas deu à colônia, até hoje, trezentos e quatro horas de trabalho. (Cap. 13, No gabinete do Ministro)

Nos grupos, onde todos os integrantes têm igual nível de participação, por vezes, podem ocorrer interesses divergentes, como acontece no grupo responsável pela casa espírita: os próprios diretores. Como vacina, outro aspecto comportamental a ser desenvolvido, e sabemos que é uma das principais recomendações evangélicas, é o espírito de humildade.

Lísias, quase onipresente nas nossas lições, o humilde enfermeiro, mais uma vez, nos concede sua sabedoria aqui neste capítulo:

> É tão importante saber falar como saber ouvir. Nosso Lar vivia em perturbações porque, não sabendo ouvir, não podia auxiliar com êxito e a colônia transformava-se, frequentemente, em campo de confusão. (Cap. 23, Saber ouvir)

Neste tema, que estamos focalizando a temática da convivência fraternal nos grupos com propósito de desenvolvimento da espiritualidade, encontramos rico material de reflexão nas lições de *Nosso Lar*.

Novamente Lísias nos explica a sistemática que envolve a união sincera dos integrantes de um grupo de pessoas com objetivos comuns:

> Quando numerosas almas se congregam no círculo de tal ou qual atividade, seus pensamentos se entrelaçam, formando núcleos de

força viva, através dos quais cada um recebe seu quinhão de alegria ou sofrimento, da vibração geral. É por essa razão que, no planeta, o problema do ambiente é sempre fator ponderável no caminho de cada homem. (...)

– Não há nisto mistério. É lei da vida, tanto nos esforços do bem, como nos movimentos do mal. Das reuniões de fraternidade, de esperança, de amor e de alegria, sairemos com a fraternidade, a esperança, o amor e a alegria de todos. (Cap. 44, As trevas)

Não é assim que aprendemos na literatura espírita: o modo de funcionamento de uma reunião séria voltada para o trabalho mediúnico?

André Luiz, ao visitar sua família terrena, sente o quanto o contato com as vibrações de amizade pura, pode realmente fornecer o pão da vida:

> Começava a compreender o valor do alimento espiritual, através do amor e do entendimento recíprocos. Em Nosso Lar, atravessava dias vários de serviço ativo, sem alimentação comum, no treinamento de elevação a que muitos de nós se consagravam. Bastava-me a presença dos amigos queridos, as manifestações de afeto, a absorção de elementos puros através do ar e da água mas ali não encontrava senão es-

curo campo de batalha, onde os entes amados se convertiam em verdugos. (Cap. 50, Cidadão de Nosso Lar)

Para refinamento dessa sintonia entre os irmãos, conceitos não tão novos, mas que por vezes esquecemos mergulhados no turbilhão da matéria densa, são relembrados por Lísias:

... aqui, porém, verificamos o reajustamento dos valores. Só é verdadeiramente livre quem aprende a obedecer. Parece paradoxo e, todavia, é a expressão da verdade. (Cap. 45, No Campo da Música)

Lembra o ensinamento de Jesus: "... Quem se humilhar será exaltado."
Este comportamento de solidariedade com aqueles que ainda não alcançaram alguns dos degraus evolutivos, é reafirmado pela enfermeira Narcisa nesta observação:

Em Nosso Lar, grande parte dos companheiros poderia dispensar o aeróbus e transportar-se, à vontade, nas áreas de nosso domínio vibratório; mas, visto a maioria não ter adquirido essa faculdade, todos se abstêm de exercê-la em nossas vias públicas. Essa abstenção, todavia, não impede que utilizemos o processo longe da cidade, quando é preciso ganhar distância e tempo. (Cap. 50, Cidadão de Nosso Lar)

Essa passagem colabora em nossas reflexões sobre a possibilidade de receber novos integrantes em grupos mais experientes, fazendo com que os irmãos mais desenvolvidos na educação espiritual tenham que descer ao chão e caminhar com os aprendizes que estão nos primeiros passos da escalada.

Como quem ensina aprende, por certo, também será possível reaprender lições novas, sob novas perspectivas dos recém-chegados.

Aos gestores, sejam coordenadores das diferentes áreas dos grupos ou diretores do centro, recomenda-se cautela que a responsabilidade do cargo temporário lhes traz: vivenciar a espiritualidade com confiança e assertividade nos objetivos a serem alcançados, sem deixar cair nas armadilhas do orgulho.

Paulina, uma filha abnegada de angelical beleza, como conta André Luiz, nos deixa a mensagem de renovação do comportamento perante nossas relações com os demais companheiros de jornada:

> Querendo viver acima dos outros, não nos lembramos disso, senão nas expressões externas da vida.

São raros os que se preocupam em ajuntar conhecimentos nobres, qualidades de tolerância, luzes de humildade, bênçãos de compreensão.

Impomos a outrem os nossos caprichos, afastamo-nos dos serviços do Pai, esquecemos a lapidação do nosso espírito. (Cap. 30, Herança e eutanásia)

# 14

# A arte

– Oh! sim, o espiritismo terá influência sobre a música! Como poderia não ser assim? Seu advento transformará a arte, depurando-a. Sua origem é divina, sua força o levará a toda parte onde haja homens para amar, para elevar-se e para compreender. Ele se tornará o ideal e o objetivo dos artistas. Pintores, escultores, compositores, poetas irão buscar nele suas inspirações e ele lhas fornecerá, porque é rico, é inesgotável. (Rossini, médium: Nivart, Música espírita, *Obras Póstumas*)

UMA CARACTERÍSTICA MARCANTE da colônia espiritual está na presença artística em quase tudo. Isso se não for em tudo, e deixamos de perceber...

Aparentemente, a beleza espiritual está intimamente ligada à prática dos vários tipos de arte integrando-se às atividades e ambientes de Nosso Lar.

André Luiz, mal chega ao hospital espiritual, ainda muito debilitado e é logo envolvido por melodias reconfortantes e energéticas:

> Aquela melodia renovava-me as energias profundas. (Cap. 3, A oração coletiva)

Aqui e ali, vamos descobrindo nos detalhes, expressões ligadas à produção de sublimes obras artísticas na decoração, paisagismo e arquitetura, como destacamos em capítulo anterior neste livro.

O próprio desenho da cidade aparece com significados intrigantes, com planejamento urbano de traços triangulares convergindo para a Governadoria.

A moda... sim, existe estilo e design espiritual, onde a arte de se vestir com graça, leveza e simplicidade, enchem os olhos de nosso repórter da espiritualidade, André Luiz:

> ... o que via agora excedia a tudo que me deslumbrara até então.

> A nata de Nosso Lar apresentava-se em magnífica forma. Não era luxo, nem excesso de qualquer natureza, o que proporcionava tanto brilho ao quadro maravilhoso. Era a expressão natural

de tudo, a simplicidade confundida com a beleza, a arte pura e a vida sem artifícios. O elemento feminino aparecia na paisagem, revelando extremo apuro de gosto individual, sem desperdício de adornos e sem trair a simplicidade divina. (Cap. 45, No Campo da Música)

A pintura está presente nas residências em quadros com belos significados espirituais, bem como a literatura edificante e a fotografia, como conta dona Laura nesta passagem:

– Temos em Nosso Lar, no que concerne à literatura, uma enorme vantagem; é que os escritores de má-fé, os que estimam o veneno psicológico, são conduzidos imediatamente para as zonas obscuras do umbral. Por aqui não se equilibram, nem mesmo no Ministério da Regeneração, enquanto perseveram em semelhante estado d'alma.

Não pude deixar de sorrir, continuando a observar os primores da arte fotográfica, nas páginas sob meus olhos. (Cap. 17, Em casa de Lísias)

Ao ver este cenário de envolvimento dos ambientes da colônia com as diferentes formas de arte, é inevitável imaginar o quanto nossas salas de aprendizado e trabalho na casa espírita, podem se aproximar desta prática de elevada espiritualidade, transformando os recintos em fontes irradiadoras de energias sublimadas.

A arte musical, nesta publicação de *Nosso Lar*, tem uma presença constante, desde momentos intimistas, até as grandes explanações dos ministros e do governador. Permeia todas as ações dos espíritos! Na história aparece também a arte plástica, moldada pelas formas-pensamento, uma ideoplastia elevada, fazendo parte deste maravilhoso mundo espiritual, como se vê na passagem envolvendo o coral de ministros da colônia:

> As setenta e duas figuras começaram a cantar harmonioso hino, repleto de indefinível beleza. A fisionomia de Clarêncio, no círculo dos veneráveis companheiros, figurou-se-me tocada de mais intensa luz. O cântico celeste constituía-se de notas angelicais, de sublimado reconhecimento. Pairavam no recinto misteriosas vibrações de paz e de alegria e, quando as notas argentinas fizeram delicioso staccato, desenhou-se ao longe, em plano elevado, um coração maravilhosamente azul[2], com estrias douradas. (Cap. 3, A oração coletiva)

---

2   Imagem simbólica formada pelas vibrações mentais dos habitantes da colônia. – (Nota do autor espiritual.)

Nos momentos produtivos da colônia, a música é considerada um instrumento de apoio à alegria e ao rendimento no trabalho.

> Em plena via pública, ouviam-se, tal qual observara à saída, belas melodias atravessando o ar. Notando-me a expressão indagadora, Lísias explicou fraternalmente:
>
> – Essas músicas procedem das oficinas onde trabalham os habitantes de Nosso Lar. Após consecutivas observações, reconheceu a Governadoria que a música intensifica o rendimento do serviço, em todos os setores de esforço construtivo. Desde então, ninguém trabalha em Nosso Lar, sem esse estímulo de alegria. (Cap. 11, Notícias do Plano)

Em outro momento, na casa da senhora Laura, Lísias chega a revelar que o aprimoramento da audição na harmonia musical é algo que nos aproxima do divino:

> Não te recordas como o Ministério da União Divina recebeu o pessoal da Elevação, no ano passado, quando passaram por aqui alguns embaixadores da Harmonia?
>
> – Sim, mamãe; mas quero apenas dizer que os

harpistas existem, e precisamos criar audição espiritual, para ouvi-los, esforçando-nos, por nossa vez, no aprendizado das coisas divinas. (Cap. 17, Em casa de Lísias)

Sabemos que os espíritos nos ensinam que a arte espiritualizada será a borboleta que sai da crisálida. Lendo *Nosso Lar*, e percebendo o quanto os espíritos dão importância à música, entre outras expressões artísticas, nos perguntamos sobre a possibilidade dos grupos ou centros apoiarem, com toda a intensidade possível, o desenvolvimento da musicalidade de seus frequentadores.

Vejamos outra passagem, onde André e os amigos espirituais estão em seu momento de lazer: ouvir música. Lísias, mais uma vez, nos conta o que ocorre neste passeio:

– Nas extremidades do Campo, temos certas manifestações que atendem ao gosto pessoal de cada grupo dos que ainda não podem entender a arte sublime; mas, no centro, temos a música universal e divina, a arte santificada, por excelência.

Com efeito, depois de atravessarmos alamedas risonhas, onde cada flor parecia possuir seu reinado particular, comecei a ouvir maravilhosa harmonia dominando o céu. Na Terra, há pequenos grupos para o culto da música fina e multidões para a música regional. Ali, contudo, verificava-se o contrário. (Cap. 45, No Campo da Música)

Em nova passagem do livro, no noivado de Lísias, ocorre também um agradável momento envolvido pela música. Fica claro aqui que há um belo espaço destinado para audição musical na colônia, como nos conta a senhora Laura:

– Todos vocês trabalharam muito, hoje. Utilizaram o dia com proveito.

Não estraguem o programa afetivo, por nossa causa. Não esqueçam a excursão ao Campo da Música. (Cap. 18, Amor, alimento das almas)

Os próprios filhos da senhora Laura, em momento de poético encontro com o pai, reproduzem em notas de pura emoção a harmonia universal no próprio lar:

Observei, então, com surpresa, que as filhas e a neta da senhora Laura, acompanhadas de Lísias, abandonavam o estrado, tomando posição junto dos instrumentos musicais. Judite, Iolanda e Lísias se encarregaram, respectivamente, do piano, da harpa e da cítara, ao lado de Teresa e Eloísa, que integravam o gracioso coro familiar. (Cap. 48, Culto familiar)

Muitas religiões têm trabalhado com crianças e jovens, aproximando-os da espiritualidade por meio das melodias de louvor e adoração a Deus. Igualmente, grupos ou indivíduos que não estão ligados necessariamente às instituições religiosas, auxiliam os pequenos em risco social, a encontrarem na música a esperança de um futuro melhor. Exemplos no mundo não faltam de como a arte pode operar verdadeiros milagres com a juventude.

Em Nossa Casa, existem dois festivais musicais por ano, além das apresentações avulsas, em média, quase todos os meses. Esse movimento é verdadeiro polo de estímulo, onde se abrem as portas e as cortinas para a produção de arte.

No entanto, há necessidade de refletir, se chegamos a um nível satisfatório de realização, desenvolvendo a arte com ênfase na produção de eventos.

A necessidade de análise sobre essa questão é reforçada, quando observamos André Luiz nos apresentar o maravilhoso cenário a seguir:

> O Grande Coro do Templo da Governadoria, aliando-se aos meninos cantores das escolas do Esclarecimento, iniciou a festividade com o maravilhoso hino intitulado "Sempre contigo,

Senhor Jesus", cantado por duas mil vozes ao mesmo tempo. Outras melodias de beleza singular encheram a amplidão. O murmúrio doce do vento, canalizado em vagas de perfume, parecia responder às harmonias suaves. (Cap. 42, A palavra do Governador)

Na verdade, nos parece quase impossível imaginar tamanha união de vozes entoando hinos de amor a Jesus e não suspirar de emoção!

Dá o que pensar: se, algum dia aqui na Terra, poderíamos reunir uma ou duas centenas de vozes, e num belo domingo, ou dia de Natal, em uma praça, reproduzir esse quadro sublime de Nosso Lar...

# 15

# Conhecimento e sabedoria

– Que vos resta, depois de haverdes achado admirável uma comunicação? Supondes que vimos em busca dos vossos aplausos? Desenganai-vos. (...) O nosso objetivo é tornar-vos melhores. (...) Para nós, o homem sério não é aquele que se abstém de rir, mas aquele cujo coração as nossas palavras tocam, que as medita e tira delas proveito. (Massillon, XXV, Dissertações espíritas, *O Livro dos Médiuns*).

DESDE A ÉPOCA em que adotamos nos grupos do centro a metodologia que chamamos de vivência, existiram nos momentos iniciais, preocupação por parte de alguns irmãos, se, por consequência, essa técnica acarretaria na redução dos estudos doutrinários no centro espírita.

Esse pensamento injustificado era alimentado pela crença de que a educação espírita só teria eficácia em grupos exclusivamente de... estudos. Buscamos esclarecer as dúvidas de diferentes maneiras: em reuniões, palestras, estatuto, regimento interno, informativo, assembleias, conversas corpo a corpo... enfim, todos os canais de comunicação possíveis do centro espírita.

E, o que esclarecemos, é que o processo educacional do centro espírita aproveitaria o que havia de melhor nos estudos sistematizados, como a reunião em círculo nas salas de aula, o compromisso com a instrução do grupo e a necessidade da organização do roteiro de estudo e bibliografia doutrinária.

O processo de inovação educacional com base em pesquisa pedagógica e organizacional, de ciência espírita e não espírita, consistiu em envolver a dinâmica de projetos e segue, continuamente, em aperfeiçoamento.

Os recém-chegados em nossa casa logo compreendem a metodologia ao tomar conhecimento pelo regimento interno, e traçam metas de ação futura, iniciando o preparo com foco no atendimento de objetivos planejados em grupo.

Assim como André Luiz, que mal chega a Nosso Lar, e já deseja atuar no serviço médico espiritual, sabemos que determinadas tarefas na casa espírita devem ser desenvolvidas após a travessia de um roteiro seguro de aprendizado. Vejamos o caso do neófito André:

– Ah! como desejo trabalhar junto dessas legiões de infelizes, levando-lhes o pão espiritual do esclarecimento!

O enfermeiro amigo fixou-me bondosamente, e, depois de meditar em silêncio, por largos instantes, acentuou, ao despedir-se:

Será que você se sente com o preparo indispensável a semelhante serviço? (Cap. 12, O umbral)

Muitos companheiros ingressam na instituição ou grupos espíritas, com desejo de atuar em atividades mediúnicas, em serviço de tratamento de cura espiritual, para ser um carismático palestrante, tornar-se instrutor, dirigir um departamento, produzir arte sublime, etc.

Muito louvável!

Nossa experiência educativa nos grupos é, justamente, suprir esses diferentes interesses ligados à formação da espiritualidade, convocando os grupos a se especializarem nas áreas de vocação.

Ponderamos que: com o foco bem definido e o

aprofundamento do conteúdo doutrinário, resultados satisfatórios não tardam a acontecer.

Em Nosso Lar percebemos semelhança de proposta no desenvolvimento espiritual especializado. A divisão em ministérios e setores com objetivos definidos, bem como o conteúdo a ser ministrado pelos palestrantes, reforçam a ideia de preparação para atendimento em ações específicas. Vejamos a passagem a seguir na narrativa de André Luiz:

> Havia permissão geral de ingresso ao enorme recinto verde, para todos os servidores da Regeneração, porque, conforme o programa estabelecido, o culto evangélico era dedicado especialmente a eles, comparecendo os demais Ministérios, por numerosas delegações (...)
>
> Volume de voz consideravelmente aumentado pelas vibrações elétricas, o chefe da cidade orou comovidamente, invocando as bênçãos do Cristo, saudando, em seguida, os representantes da União Divina, da Elevação, do Esclarecimento, da Comunicação e do Auxílio, dirigindo-se, com especial atenção, a todos os colaboradores dos trabalhos de nosso Ministério. (Cap. 42, A palavra do Governador)

O método aconselhado pelo Governador, focalizando seu estudo para aqueles assistentes que estão se especializando, posiciona os demais públicos, sem ligação direta com as atividades, com o *status* de ouvintes na palestra, como ocorre com o próprio André:

> No curso de trabalhos do dia imediato, grande era o meu interesse pela conferência da Ministra Veneranda. Ciente de que necessitaria de permissão, entendi-me com Tobias a respeito.
>
> – Essas aulas – disse ele – são ouvidas somente pelos espíritos sinceramente interessados. Os instrutores, aqui, não podem perder tempo.
>
> Fica você, desse modo, autorizado a comparecer com os ouvintes que se contam por centenas, entre servidores e abrigados dos Ministérios da Regeneração e do Auxílio. (Cap. 37, A preleção da Ministra)

No momento da apresentação da Ministra, André detalha melhor o que está acontecendo com a ajuda de Narcisa:

> Estamos na assembleia de ouvintes. Aqueles irmãos, que se conservam em lugar de realce, são os mais adiantados na matéria de hoje,

companheiros que podem interpelar a Ministra. Adquiriram esse direito pela aplicação ao assunto, condição que poderemos alcançar também, por nossa vez.

– Não pode você figurar entre eles? – indaguei.

– Não. Por enquanto posso sentar-me ali somente nas noites em que a instrutora verse sobreo tratamento dos espíritos perturbados. Há, porém, irmãos que ali permanecem no trato de várias teses, conforme a cultura já adquirida. (Cap. 37, A preleção da Ministra)

Outra forma instigante de transmissão de conhecimento foi o caso da palestra finalizada de repente, deixando o curioso André Luiz surpreso com a técnica inusitada:

Depois de longa pausa, a Ministra sorriu para o auditório e perguntou: – Quem deseja aproveitar?

(...) – Que é isso? Acabou a reunião?

A enfermeira bondosa esclareceu, sorridente:

– A Ministra Veneranda é sempre assim. Finaliza a conversação em meio do nosso maior interesse. Ela costuma afirmar que as preleções evangélicas começaram com Jesus, mas ninguém pode saber quando e como terminarão. (Cap. 37, A preleção da Ministra)

Essa passagem da Ministra nos faz lembrar algumas discussões edificantes dos grupos de vivência em nossa casa, onde há irmãos preocupados em nunca deixar de responder às dúvidas que surgem, seja nas reuniões de estudo, seja nas palestras.

No entanto, acreditamos que estimular os demais a buscar também, por meios próprios, estudar ainda mais, com novas questões que possam surgir nas mentes dos aprendizes à medida que eles se envolvem com conceitos novos, parece ser um método saudável de educação, e que a própria espiritualidade pratica.

Esse espírito pesquisador de André Luiz, sempre muito questionador, é estimulado pela enfermeira Narcisa, mas a dedicada enfermeira deixa claro que há locais e momentos apropriados:

> Mas, no momento, o dever não comporta minudências informativas.

> Poderá colher valiosas lições sobre os animais, não aqui, mas no Ministério do Esclarecimento, onde se localizam os parques de estudo e experimentação. (Cap. 33, Curiosas observações)

Sabemos que o processo de aquisição do conhecimento, pode se dar de diferentes formas, no caso da linha de educação adotada nos grupos de vivência observamos semelhanças importantes ao traçar paralelo com a colônia.

Interessante destacar a expressão – parques de estudo e experimentação – confirmando o desenvolvimento contínuo das atividades da colônia por meio de pesquisa e laboratório prático.

Pelo que percebemos na obra *Nosso Lar*, acreditamos que essa prática pode continuar servindo de inspiração aos gestores dos grupos e da casa espírita.

Um dos grupos de Nossa Casa estabeleceu como projeto de vivência a atividade de cura espiritual por meio do magnetismo segundo os conceitos espiritistas.

Além de pesquisar conteúdo das obras básicas de Allan Kardec, muito se estuda sobre a literatura espírita e não espírita, como a fisiologia humana, dando suporte ao projeto de ação na caridade espiritual que o grupo abraçou, desenvolvendo conteúdo especializado no auxílio da própria espiritualidade.

André Luiz, ao assumir seu papel no atendimento aos enfermos do Ministério da Regeneração, é orientado por Tobias a se concentrar, exclusivamente, nos assuntos ligados a sua área de atuação, e se aprimorar ingressando em curso de grande relevância para seu trabalho: o medo.

– Contente-se com a matrícula na escola contra o medo. Creia que isso lhe fará enorme bem. (Cap. 43, Em conversação)

A enfermeira Narcisa, sua orientadora no trabalho hospitalar, nos explica com maior detalhe essa disciplina escolar que objetiva o aprimoramento da missão abraçada por André:

Precisamos organizar – dizia ela – determinados elementos para o serviço hospitalar urgente, embora o conflito se tenha manifestado tão longe, bem como exercícios adequados contra o medo.

– Contra o medo? – acrescentei, admirado.

– Como não? – objetou a enfermeira, atenciosa. – Talvez estranhe, como acontece a muita gente, a elevada porcentagem de existências humanas estranguladas simplesmente pelas vibrações destrutivas do terror, que é tão contagioso como qualquer moléstia de perigosa propagação.

Classificamos o medo como dos piores inimigos da criatura, por alojar-se na cidadela da alma, atacando as forças mais profundas. (Cap. 42, A palavra do Governador)

O diálogo sobre métodos e currículos educacionais na casa espírita pode e deve ser estimulado, pois é a partir do sucesso deste processo fundamental que será possível alcançar patamares elevados de evolução espiritual.

Dependendo do contexto e das necessidades em que os grupos irão se envolver, alguns temas ganham prioridade em relação a outros. Como mostra essa passagem contada pela enfermeira Narcisa:

> A Governadoria, nas atuais emergências, coloca o treinamento contra o medo muito acima das próprias lições de enfermagem. (Cap. 42, A palavra do Governador)

No entanto, sozinho, o estudo e a pesquisa pouco poderão fazer pela espiritualidade. O que se constata em toda a obra *Nosso Lar* é que o processo educacional só estará completo se estiver intimamente interligado ao trabalho no bem.

Os conselhos da senhora Laura a André Luiz reforçam essa tese:

> Ao invés de albergar a curiosidade, medite no trabalho e atire-se a ele na primeira ocasião que se ofereça. Surgindo ensejo nas tarefas da Regeneração, não se preocupe em alcançar o espe-

táculo dos serviços nos demais Ministérios. (...) O Ministro Clarêncio autorizou-o, gentilmente, a conhecer, visitar e analisar; mas pode, como servidor de bom-senso, converter observações em tarefa útil. É possível receber alguém negativa justa dos que administram, quando peça determinado gênero de atividade reservada, com justiça, aos que muito hão lutado e sofrido no capítulo da especialização. (Cap. 25, Generoso alvitre)

# 16

# O bem do trabalho no bem

– Observamos com prazer os vossos trabalhos e vos ajudamos, porém, sob a condição de que também, de vosso lado, nos secundeis e vos mostreis à altura da missão que fostes chamados a desempenhar. (Santo Agostinho, XVI, Sobre as sociedades espíritas, Dissertações espíritas, *O Livro dos Médiuns*)

AO OLHARMOS o livro *Nosso Lar* com foco no tema do trabalho, corremos o risco de reproduzir quase todo o conteúdo da obra aqui.

É possível observar sobre como os administradores da cidade espiritual, conceberam seus ministérios visando a produção de atividades úteis para a coletividade da colônia, dos espíritos no umbral e dos encarnados.

Conforme demonstramos no capítulo anterior, o desenvolvimento intelectual e a absorção de conhecimento elevado parecem convergir para uma finalidade maior: produzir ações para o bem comum. Essa equação é explicada ainda no prefácio da publicação pelo espírito Emmanuel:

> Não basta investigar fenômenos, aderir verbalmente, melhorar a estatística, doutrinar consciências alheias, fazer proselitismo e conquistar favores da opinião, por mais respeitável que seja, no plano físico. É indispensável cogitar do conhecimento de nossos infinitos potenciais, aplicando-os, por nossa vez, nos serviços do bem. (Emmanuel, Novo amigo, Prefácio)

Esse ponto de vista do mentor espiritual de Chico Xavier, o mesmo espírito que citou a palavra disciplina por três vezes como diretriz para o saudoso médium, é compartilhado na oratória da Ministra Veneranda:

> Somos admitidos aos cursos de espiritualização nas diversas escolas religiosas do mundo, mas com frequência agimos exclusivamente no terreno das afirmativas verbais. Ninguém,

todavia, atenderá ao dever apenas com palavras. Ensina a Bíblia que o próprio Senhor da Vida não estacionou no Verbo e continuou o trabalho criativo na Ação. (Cap. 37, A preleção da Ministra)

Aproximando-nos mais da semelhança que o estado evolutivo na colônia tem em relação ao nosso mundo material aqui na Terra, Lísias inverte a lógica: para quem ainda crê, que ao desencarnar podemos aproveitar o merecido descanso do outro lado da vida, o filho da senhora Laura esclarece:

> Nosso Lar não é estância de espíritos propriamente vitoriosos, se conferirmos ao termo sua razoável acepção. Somos felizes, porque temos trabalho; e a alegria habita cada recanto da colônia, porque o Senhor não nos retirou o pão abençoado do serviço. (Cap. 5, Recebendo assistência)

Ante a surpresa de André Luiz, nesta forma de organização voltada para o trabalho no plano espiritual, comparando-a com uma colmeia de serviço intenso –, Lísias ilustra o cenário que se desenrola a sua frente:

> – Temos aqui as grandes fábricas de Nosso Lar. A preparação de sucos, de tecidos e arte-

fatos em geral, dá trabalho a mais de cem mil criaturas, que se regeneram e se iluminam ao mesmo tempo. (Cap. 26, Novas perspectivas)

Interessante notar que cada personagem apresentado na história estava sempre ligado a um dos seis ministérios de Nosso Lar, atuando em alguma frente de auxílio.

André Luiz, logo que se recupera, é aconselhado por Clarêncio, seu tutor, a iniciar o processo de educação formal. Desde o seu resgate, o ex-médico era sistematicamente envolvido em conhecimento espiritual em pílulas de sabedoria de cada espírito que ele tinha contato.

Era hora de se preparar para envolvimento mais profundo:

– Guarde este documento – disse-me o atencioso Ministro do Auxílio, entregando-me pequena caderneta –, com ele, poderá ingressar nos Ministérios da Regeneração, do Auxílio, da Comunicação e do Esclarecimento, durante um ano. Decorrido esse tempo, veremos o que será possível fazer relativamente aos seus desejos. Instrua-se, meu caro. Não perca tempo. (Cap. 17, Em casa de Lísias)

Vimos anteriormente, a importância da etapa fundamental de aquisição do conhecimento e do

DE NOSSO LAR PARA NOSSA CASA | 159

esforço necessário para se preparar para as atividades, no entanto, mal André Luiz recebe esse passaporte para iniciar sua pesquisa edificante, novas e preciosas orientações são dadas pela senhora Laura:

O Ministro Clarêncio autorizou-o, gentilmente, a conhecer, visitar e analisar; mas pode, como servidor de bom-senso, converter observações em tarefa útil. É possível receber alguém negativa justa dos que administram, quando peça determinado gênero de atividade reservada, com justiça, aos que muito hão lutado e sofrido no capítulo da especialização; mas ninguém se recusará a aceitar o concurso do espírito de boa vontade, que ama o trabalho pelo prazer de servir. (...) Lembremos, contudo, o de Paulo de Tarso, doutor do Sinédrio, esperança de uma raça, pela cultura e pela mocidade, alvo de geral atenção em Jerusalém, que voltou, um dia, ao deserto para recomeçar a experiência humana, como tecelão rústico e pobre. (Cap. 25, Generoso alvitre)

Não demora muito e o nosso espírito aprendiz, humildemente, entende o recado, e logo percebe que a economia espiritual é equilibrada quando se pode doar parte do tempo no auxílio à coletividade, com reflexos na própria espiritualização:

Noto, porém, que somente venho recebendo benefícios, sem nada produzir de útil. (Cap. 26, Novas perspectivas)

Com o empenho de André no desejo de servir ao próximo, não tarda a ser atendido pelos amigos espirituais. O Ministro Genésio, o velhinho simpático, segundo André, lhe dá uma sentença muito famosa nos meios espiritistas, esclarecendo um belo estatuto da organização divina:

> Quase sempre recebemos pessoal do Ministério do Auxílio, em visita de observações que, na sua maior parte, redundam em estágios de serviço.
>
> (...) Quando o discípulo está preparado, o Pai envia o instrutor. O mesmo se dá, relativamente ao trabalho. Quando o servidor está pronto, o serviço aparece. (Cap. 26, Novas perspectivas)

Em nossa organização espiritual, a casa espírita, precisamos ampliar o diálogo sobre a acessibilidade dos frequentadores nas frentes de desenvolvimento educacional, incluindo neste caminho, em breve período de tempo, a possibilidade de união aos mais experientes no esforço conjunto de produzir benefícios aos irmãos do próprio centro.

E, como no plano espiritual, dedicar projetos de amor aos espíritos desencarnados que precisam do nosso apoio daqui da matéria, bem como aos espíritos encarnados que padecem em verdadeiros umbrais na matéria terrestre.

Como nos esclarece um espírito pertencente a plano mais elevado, a mãe de André Luiz:

> É indispensável, André, converter toda a oportunidade da vida em motivo de atenção a Deus. Nos círculos inferiores, meu filho, o prato de sopa ao faminto, o bálsamo ao leproso, o gesto de amor ao desiludido, são serviços divinos que nunca ficarão deslembrados na Casa de Nosso Pai; aqui, igualmente, o olhar de compreensão ao culpado, a promessa evangélica aos que vivem no desespero, a esperança ao aflito, constituem bênçãos de trabalho espiritual, que o Senhor observa e registra a nosso favor... (...)
>
> Não te envergonhes de amparar os chaguentos e esclarecer os loucos que penetrem as Câmaras de Retificação, onde identifiquei, espiritualmente, teus serviços, à noite passada. Trabalha, meu filho, fazendo o bem. Em todas as nossas colônias espirituais, como nas esferas do globo, vivem almas inquietas, ansiosas de novidades e distração. Sempre que possas, po-

rém, olvida o entretenimento e busca o serviço útil. (Cap. 36, O sonho)

Os que cooperam no trabalho de administração de grupos, centros espíritas e até da própria família, são na verdade, grandes cooperadores do próprio Administrador Maior, como nos ensina ainda a desvelada mãe de André Luiz:

> É por isso, André, que nossas atividades experimentais, no progresso comum, a partir da esfera carnal, sofrem contínuas modificações todos os dias. Tabelas, quadros, pagamentos, são modalidades de experimentação dos administradores, a que o Senhor concedeu a oportunidade de cooperar nas Obras Divinas da Vida, assim como concede à criatura o privilégio de ser pai ou mãe, por algum tempo, na Terra e noutros mundos. Todo administrador sincero é cioso dos serviços que lhe competem; todo pai consciente está cheio de amor desvelado. Deus também, meu filho, é Administrador vigilante e Pai devotadíssimo. A ninguém esquece e reserva-se o direito de entender-se com o trabalhador, quanto ao verdadeiro proveito no tempo de serviço. (Cap. 36, O sonho)

Não é tarefa fácil aquela executada pelos responsáveis por uma coletividade, em qualquer ação que se abrace na causa espírita: muitos dos frequentadores, não se demoram na empolgação inicial, desanimando frente às primeiras dificuldades; alguns outros, radicalizam em posturas pouco integradoras ou em visões unilaterais. Outros companheiros, apesar da disciplina e assiduidade às atividades, dificultam a evolução continuada, pois pouco se envolvem no aprimoramento que a pesquisa e o estudo sério podem desenvolver.

Como orienta o amigo espiritual Tobias a André Luiz e a nós leitores, ao gestor cabe o papel de atuar no limite de suas possibilidades organizacionais, e ao trabalhador cabe a prestação de contas ao Gestor maior de nossas vidas:

> Aos administradores, em geral, impende a obrigação de contar o tempo de serviço, sendo justo, igualmente, instituírem elementos de respeito e consideração ao mérito do trabalhador; mas, quanto ao valor essencial do aproveitamento justo, só mesmo as Forças Divinas podem determinar com exatidão. Há servidores que, depois de quarenta anos de atividade especial, dela se retiram com a mesma incipiência da primeira hora, provando que gastaram tempo sem empregar dedicação espiritual, assim como existem homens que, atingindo cem anos de existência, dela saem com a mesma

ignorância da idade infantil. (Cap. 37, A preleção da Ministra)

Já envolvido plenamente com as atividades laborais da colônia e ainda sob supervisão de seu tutor, André Luiz, finalmente, recebe o descanso merecido. Beneficiado com férias de uma semana, nosso amigo resolve visitar sua família terrena, e percebe que nada mais lhe resta fazer no seu local de lazer do que... trabalhar!

Clarêncio visitava-me, diariamente, mostrando-se satisfeito com o meu trabalho.

Ao fim da semana, chegara ao termo de minha primeira licença nos serviços das Câmaras de Retificação. A alegria tornara aos cônjuges, que passei a estimar como irmãos. Era preciso, pois, regressar aos deveres justos. (Cap. 50, Cidadão de Nosso Lar)

A lição de Jesus e da espiritualidade sobre o valor do trabalho, nos remete a uma série de reflexões sobre a estreita relação entre ação e espiritualidade.

Sabemos que não é preciso ser um químico com conhecimento de interação molecular, um físico para entender termodinâmica ou engenheiro especializado em metrologia para produzir pão.

De nosso lar para nossa casa | 165

Com a orientação de uma receita, algumas tentativas simples, pode-se fazer uma bela ação de ajuda ao próximo.

Com o tempo, pesquisa, experimentação e constância de propósito, chegamos no nível de especialista.

Portanto, projetos de desenvolvimento de novos tutores para iniciar e orientar a formação de grupos deve ser uma prática prioritária no centro espírita, deixando sempre aberta a porta de entrada para inúmeras possibilidades espirituais que essas equipes podem construir.

Aos nossos gestores amigos, só podemos desejar muito trabalho para envolver os irmãos nos planos necessários à casa e à causa.

# 17

# Foco no trabalhador

– O progresso geral é a resultante de todos os progressos individuais; mas, o progresso individual não consiste apenas no desenvolvimento da inteligência, na aquisição de alguns conhecimentos. (...) consiste, sobretudo, no melhoramento moral, na depuração do Espírito, na extirpação dos maus germes que em nós existem. Esse o verdadeiro progresso, o único que pode garantir a felicidade ao gênero humano... (Credo Espírita, *Obras Póstumas*)

Não são poucos os gurus da gestão a reconhecerem que um dos maiores valores, ou ativos, de qualquer organização é o seu colaborador.

Existem inclusive cadeiras acadêmicas e livros sobre o que é chamado pelos administradores de: Capital Humano.

O trabalhador possui uma verdadeira riqueza em potencial de realização que, pelo menos em teoria, deveria ser depositado grande esforço para seu aperfeiçoamento.

Quanto melhor for a criatividade na solução dos desafios e eficazes as suas ações, maior será o reconhecimento daquele empreendimento coletivo e evolução de seus integrantes.

No Plano Espiritual o colaborador tem seu valor e vai muito além do reconhecimento.

Fazer o bem já é um bem para si mesmo, e aqueles que compreendem essa dinâmica, já possui grande *status* evolutivo.

Mas, como vimos em capítulo anterior, estudamos também o mecanismo de funcionamento do bônus-hora e sistemática de créditos para as necessidades dos espíritos.

Então, compreendemos que para alcançar esses bônus, é necessário investir no potencial deste irmão.

Lísias durante os primeiros tratamentos em André Luiz explica o que irá acontecer com o paciente em recuperação:

> Meu irmão será tratado carinhosamente, sentir-se-á forte como nos tempos mais belos da sua juventude terrena, trabalhará muito e, creio, será um dos melhores colaboradores em Nosso Lar. (Cap. 5, Recebendo assistência)

Percebemos que alguns núcleos na casa espírita, em total engajamento com projetos de amparo social, tendem a deixar em segundo plano o trabalho de desenvolvimento humano e espiritual dentro do próprio grupo.

Com o tempo, é inevitável o arrefecimento nas relações, ou uma deterioração dos fios da teia de integração entre os membros.

Não raro, há problemas familiares envolvendo uns dos componentes, para o qual bastaria a oferta de atenção dos amigos e correntes de prece, para restaurar a harmonia e de quebra, reforçar os laços de amizade no grupo.

Difícil enumerar todos os casos, mas desde problemas financeiros por desemprego até um princípio de transtorno obsessivo ou depressivo, pode acender um alerta, para que a equipe trabalhe no tratamento interno.

Talvez, segundo o que percebemos em Nosso Lar, a solução para instabilidade no grupo seja a maior das prioridades.

Não serão poucas as quedas por infortúnios dos mais variados a afetar irmãos que, desejosos de aprender e trabalhar, ainda são seres humanos passíveis de falir como todos nós.

Como vemos no relato de Lísias:

> Convenhamos, porém, que criatura alguma auxiliará com justiça, experimentando dese-

quilíbrios do sentimento e do raciocínio. (...) esmagadora porcentagem de encarnados não alcançou, ainda, nem mesmo o domínio próprio e vive às tontas, nos altos e baixos das flutuações de ordem material. (Cap. 23, Saber ouvir)

O grupo que faz sua carreira no centro espírita, consciente de que os primeiros necessitados de auxílio são aqueles que estão ombro a ombro, lado a lado, terá um nível de maturidade bem avançado.

Sabemos que a força de uma corrente tracionada é a medida do seu elo mais fraco.

Portanto, fortalecer o desenvolvimento do núcleo espiritual para que ele possa resistir aos conflitos potenciais é seguir o caminho que a direção de Nosso Lar resolveu enfrentar.

Como vimos na atitude do Governador e de alguns Ministros no momento da crise dos moradores no plano espiritual:

> ... (O Governador) proibiu temporariamente os auxílios às regiões inferiores, e, pela primeira vez na sua administração, mandou ligar as baterias elétricas das muralhas da cidade, para emissão de dardos magnéticos a serviço da defesa comum. (...) Presentemente, todos reconhecem que a suposta impertinência do Governador representou medida de elevado

alcance para nossa libertação espiritual. Reduziu-se a expressão física e surgiu maravilhoso coeficiente de espiritualidade. (Cap. 9, Problema da alimentação)

Nesse caso, percebemos que a coletividade estava passando por uma cisão tão grande, que seus gestores tomaram uma decisão aparentemente radical: parar com o auxílio aos irmãos sofredores.

Como se o grande grupo da colônia fosse um ser humano doente, primeiro era preciso restabelecer a ordem orgânica, para só mais tarde voltar às atividades de amparo ao próximo.

Aos diretores é importante perceber a condição harmônica das equipes, e investir em um currículo educacional que possa preparar os companheiros para uma vacinação espiritual, reforçando anticorpos contra o mal e as limitações de si mesmo.

O próprio André Luiz, depois de orientado pelos mentores, reconheceu sua incapacidade:

> Ouvindo gemidos incessantes nos apartamentos contíguos, não me era lícita nem mesmo a função de enfermeiro e colaborador nos casos de socorro urgente. Claro que não me faltava desejo. Minha posição ali, contudo, era assaz humilde para me atrever. (Cap. 13, No gabinete do Ministro)

Aos gestores convidamos refletir seriamente sobre o programa de aprendizado na casa, para que as apresentações públicas e círculos de estudo estejam cada vez mais em sintonia com os graves problemas do mundo, localizando os frequentadores em sua futura missão e estabelecendo as trilhas a serem percorridas com segurança. Narcisa nos esclarece como o maior dos administradores da colônia realiza esse papel orientador:

> ... o Governador aqui vem, quase que semanalmente, aos domingos. Ali permanece longas horas, conferenciando com os Ministros da Regeneração, conversando com os trabalhadores, oferecendo sugestões valiosas... (Cap. 32, Notícias de Veneranda)

Em outro momento, a experiente enfermeira reforça essa ideia:

> ... prometeu o Governador a realização do culto evangélico no Ministério da Regeneração. O objetivo essencial da medida, esclareceu Narcisa, seria a preparação de novas escolas de assistência no Auxílio e núcleos de adestramento na Regeneração. (Cap. 42, A palavra do Governador)

Este roteiro de preparação dos confrades na casa espírita, além do conteúdo de especialização com base na doutrina espírita e outros assuntos comportamentais não poderão ficar em segundo plano.

Vejamos o esclarecimento do bondoso, mas firme Clarêncio:

... o trabalho e a humildade são as duas margens do caminho do auxílio. Para ajudarmos alguém, precisamos de irmãos que se façam cooperadores, amigos, protetores e servos nossos. Antes de amparar os que amamos, é indispensável estabelecer correntes de simpatia. Sem a cooperação é impossível atender com eficiência. (Cap. 13, No gabinete do Ministro)

Seria então, segundo a espiritualidade, o aprendizado nas questões relativas à humildade e correntes de simpatia tão importantes quanto o desenvolvimento para o trabalho?

Se sim, quais então os caminhos para percorrer e chegar nesse objetivo espiritual? Nossa casa ou grupo espírita tem essa linha de ação bastante clara em seu dia a dia?

Pelo que apreendemos neste capítulo, parece que o colaborador que se propõe a participar de nossos núcleos de espiritualização, além de trabalhar uns pelos outros, de modo a fortalecer laços de afeto e amizade, deve igualmente, aproximar-se cada vez mais dos colaboradores espirituais, sobretudo na organização de seus sentimentos e comportamento.

Mais uma vez, Lísias nos ajuda a entender a necessidade dessa aproximação com encarnados e desencarnados:

> O homem vulgar ignora que toda manifestação de ordem, no mundo, procede do plano superior. A natureza agreste transforma-se em jardim, quando orientada pela mente do homem, e o pensamento humano, selvagem na criatura primitiva, transforma-se em potencial criador, quando inspirado pelas mentes que funcionam nas esferas mais altas. (Cap. 8, Organização de serviços)

Aos gestores o desafio de atentar-se para que cada grupo seja uma célula fraterna e laborativa, como em uma família espiritual. Aos coordenadores de grupo cabe o papel de acompanhar de perto cada ser humano que integra seu núcleo, para que estes possam ajudar-se entre si e, então, em paz consigo mesmo, poder, enfim, ajudar o próximo.

O pedido no rádio de Lísias, direto da Emissora do Posto Dois da colônia espiritual Moradia, não deixa dúvidas sobre o que esperam de nós:

> Colaborai conosco na medida de vossas forças!... (Cap. 24, O impressionante apelo)

# 18

# Crianças e adolescentes

– Passados alguns instantes, disse a moça:
– Papai, papai, vou adormecer, vou cair. Logo se lançou numa poltrona, exclamando: – Oh! Papai, papai, que música deliciosa!... Desperta-me, senão eu me vou.

(A música celeste, *Obras Póstumas*)

DURANTE TODO o nosso conteúdo, tratamos de olhar de perto as passagens do livro *Nosso Lar* que nos fornecesse indicações sobre diversos temas ligados especialmente a gestão com pessoas e assuntos correlacionados.

Naturalmente, os temas foram escritos com maior ênfase, para as relações entre os adultos, se bem que, para o universo juvenil, caberia a maior parte das nossas reflexões também.

No entanto, não poderíamos deixar de falar

aqui, de um público que, todos concordam ser muito especial, e que sempre são citados como o futuro da casa espírita nos eventos e reuniões do centro.

O trabalho realizado com as crianças na colônia tem um retorno espiritual significativo, como nos conta a senhora Laura:

> Quando o Ministério do Auxílio me confia crianças ao lar, minhas horas de serviço são contadas em dobro, o que lhe pode dar ideia da importância do serviço maternal no plano terreno. (Cap. 20, Noções de lar)

Aqueles que estão trabalhando mais de perto com crianças e adolescentes, sabem que eles são o futuro da instituição e podem contribuir, significativamente, se envolvidos com sabedoria.

Na história contada por André Luiz, não tivemos notícias mais detalhadas, mas o pouco que ele relatou naquele momento de sua trajetória e pesquisa da cidade foi a existência de escolas em Nosso Lar e uma relação muito forte do público infantil com a arte, portanto vamos focalizar esse ponto:

> À noitinha, quando pode demorar-se, ouve música e assiste a números de arte, executados por jovens e crianças dos nossos educandários. (Cap. 32, Notícias de Veneranda)

As apresentações infantis, com destaque mais uma vez para a arte musical, aparecem tanto no dia a dia, como nos eventos, como aconteceu na aparição do Governador:

> Sentando-se ele na tribuna suprema, levantaram-se as vozes infantis, seguidas de harpas caridosas, entoando o hino 'A Ti, Senhor, Nossas Vidas'. (Cap. 42, A palavra do Governador)

Ao ver estes quadros de profunda interação das crianças com momentos de espiritualidade superior, acreditamos que podemos avançar alguns degraus também nesta área de atuação.

Hoje alguns poucos adultos participam da produção e apresentação de números musicais na casa espírita. Oferecendo condições propícias às crianças, poderíamos ampliar sua participação no presente e no futuro reforçando a quantidade e qualidade de conteúdo artístico.

São muito comuns as apresentações em dias festivos de esquetes, coreografias e cantos musicais, à semelhança de trabalhos realizados nas escolas daqui da Terra, o que é importante para a integração de gerações no centro.

Mas, segundo nossa experiência e o que se viu na publicação *Nosso Lar*, temos espaço para aprimorarmos esse campo de atuação.

Aproximar profissionais da música aos evangelizandos, para aprendizado de instrumentos e músicas de conteúdo moral, une ainda mais a evangelização ao processo de evolução da sensibilidade.

Os responsáveis pelas crianças sempre se emocionam ao ver seus alunos ou os rebentos apresentando de todo coração atividades no palco. O que estamos refletindo neste momento é como podemos ir além, proporcionando maior qualidade para que eles se envolvam o ano inteiro com o desenvolvimento artístico.

Quem já participou de um trabalho realizado com crianças junto com professores de instrumentos ou em cantos corais, sabe que as crianças não deixam a desejar em relação aos adultos, e têm capacidade para realizar maravilhosas apresentações profissionais.

Podemos apenas ter uma vaga noção, mas, imagine a emoção dos anjos aqui da Terra e do Céu realizando um projeto tão maravilhoso quanto esse relato a seguir. Seria um trabalho de grande impacto na cultura espírita e na sensibilidade dos envolvidos, sobretudo para as crianças.

André Luiz dá o seu testemunho nesta passagem:

> Comovido e deslumbrado, ouvi as crianças entoarem o hino que a Ministra Veneranda intitulara "A Grande Jerusalém". O Governador desceu da tribuna sob vibrações de imensa

esperança e foi então que brisas cariciosas começaram a soprar sobre as árvores, trazendo, talvez de muito longe, pétalas de rosas diferentes, em maravilhoso azul, que se desfaziam, de leve, ao tocar nossas frontes, enchendo-nos o coração de intenso júbilo. (Cap. 42, A palavra do Governador)

# Para finalizar: três palavrinhas

*– A harmonia, a ciência e a virtude são as três grandes concepções do Espírito: a primeira o arrebata, a segunda o esclarece, a terceira o eleva. Possuídas em toda a plenitude, elas se confundem e constituem a pureza.* (Rossini, médium: Nivart, Música espírita, *Obras Póstumas*)

AO LONGO DO tempo percebemos que as mensagens cristãs-espíritas, têm uma tendência de resumir sua doutrina em três palavras significativas:

O mestre Jesus nos deixou a mensagem que ele é: *"O caminho, a verdade e a vida"*.

Logo a seguir, Paulo de Tarso em sua belíssima

carta aos Coríntios define seu entendimento sobre o cristianismo: *"Fé, esperança e caridade"*.

O espiritismo resume toda a sua doutrina em tríplice aspecto: *"ciência, filosofia e religião"*.

O codificador, Allan Kardec, deixa sua orientação aos espíritas, sendo exemplo de seus próprios princípios: *"Trabalho, solidariedade e tolerância"*.

De nossa importante casa-máter, a Federação Espírita Brasileira, temos o lema: *"Deus, Cristo e caridade"*.

Do mentor de Chico Xavier, Emmanuel, ao abordá-lo sobre o que o médium deveria fazer para atender o chamado, uma palavra se torna três para reforçar: *"Disciplina, disciplina e disciplina"*.

Joanna de Ângelis em um de seus belos estudos para os gestores de grupos ou centros, nos convoca a: *"Espiritizar, humanizar e qualificar"*.

Presentemente, cientista da educação, Dora Incontri conclui que a pedagogia espírita está alicerçada em: *"Liberdade, ação e amor"*.

Por fim, nosso estimado jornalista e orador da épica Caravana da Fraternidade, Leopoldo Machado, valorizando toda sua regra de conduta entre os cristãos inicia sua fraterna canção, a Alegria Cristã, dizendo que somos: *"Companheiros, amigos e irmãos"*...

Na terceira edição do jornal interno de Nossa Casa, no ano de 2009, fizemos uma brincadeira no final da coluna e lançamos a seguinte expressão: *"Quem quiser fazer parte, crie seu grupo e planeje um projeto de trabalho, estudo, e amor!... Ih! Outro trinômio...".*

Tudo isso para justificar, o desejo que tivemos de também arriscar, com base no conteúdo que estudamos até agora, aqui neste livro, sobre quais palavras condensariam toda a linha de pensamento sobre a pesquisa realizada na espiritualidade em paralelo com o centro espírita:
Beleza, comprometimento e vivência!
Beleza em tudo e em todos. No desenho e detalhes do ambiente de trabalho e estudo; no trato e no modo de se apresentar das pessoas; na ornamentação de nosso lar espiritual com o perfume e as cores da Natureza; na arte sublime; enfim, a beleza em prol da harmonia transcendental!

Comprometimento com a própria educação espiritual e com a ação no bem; em tomar decisões com firmeza de propósitos; em mudar ou reafirmar paradigmas quando é necessário avançar; em chamar à disciplina o trabalho e o trabalhador, para alcance do progresso comum!

Vivência espiritual como sabedoria adquirida na convivência, na experiência; sondar no íntimo a própria missão, utilizar o bem para o encaminhamento seguro, orientação honesta e desenvolvimento dos laços de simpatia, pois segundo os espíritos, são esses laços o alimento da alma!

Então caros gestores, somando-se todos os lemas anteriores, sugerimos a reflexão sobre a possibilidade de unir mais esses três conceitos e muitos outros mais que vierem no progresso de nossa escalada espiritual.

Sabemos que o fim de tudo é o amor que, eventualmente, nos parece intangível, abstrato.

No entanto, o amor se apresenta em diferentes significados, como um ator que dedica sua alma transfigurando-se em outros personagens.

Em nosso caso, a beleza é o amor que nos toca o coração, o comprometimento é o amor representando fidelidade à causa e, a vivência é o amor exercitando a plenitude.

São três palavrinhas... com significados gigantescos em direção à espiritualidade!

# Despedida

– Adeus, caro companheiro de antanho, discípulo fiel da verdade, que continua através da vida a obra a que outrora, diante do espírito que te ama e a quem venero, juramos consagrar as nossas forças e as nossas existências, até que ela se achasse concluída. – Saúdo-te. (Imitação do Evangelho, A minha primeira iniciação no espiritismo, *Obras Póstumas*)

COMO NA BRINCADEIRA de ligar os pontos, onde cada trecho foi um ponto marcante para nosso estudo, tentamos juntar as partes e desenhar a forma com que a espiritualidade conduz suas organizações e grupos de espíritos, nos aproximando ainda mais da direção que nos leva à evolução.

Assim como nos encontramos em reuniões de estudo e trabalho, está cada vez mais claro, que precisamos unir companheiros interessados no diálogo continuado para aprimoramento nas diferentes formas de atuação do centro espírita e desenvolvimento profundo de um sentimento espiritual nos frequentadores da casa.

As passagens que selecionamos na obra de André Luiz indicam que há espaço para essa união inadiável em prol da melhoria nas instalações, processos, pessoas e, integrando tudo isso: na vivência espírita.

É importante nos perguntarmos se estamos fazendo o suficiente, pensando estrategicamente na gestão com pessoas e sua relação com a arte, o aprendizado, o trabalho, a tomada de decisão, as acomodações e instalações, as crianças e jovens, a pesquisa, a disciplina...

Em determinado momento o Ministro Benevenuto, do Ministério da Regeneração, fez preocupante alerta ao ser indagado sobre como podemos ajudar a humanidade:

> O espiritismo é a nossa grande esperança e, por todos os títulos, é o consolador da humanidade encarnada; mas a nossa marcha é ainda muito lenta. Trata-se de uma dádiva sublime, para a qual a maioria dos homens ainda não possuí "olhos de ver". Esmagadora porcentagem dos aprendizes novos aproxima-se dessa fonte divina a copiar antigos vícios religiosos.

(...) embora curados, creem mais na doença que na saúde, e nunca utilizam os próprios pés. Enfim, procuram-se, por lá, os espíritos materializados para o fenomenismo passageiro, ao passo que nós outros vivemos à procura de homens espiritualizados para o trabalho sério. (Cap. 43, Em conversação)

Sob inspiração da obra *Nosso Lar*, observamos literalmente um mundo de oportunidades.

Em Nossa Casa no ano de 2012, procuramos promover a ideia: – cada grupo um centro espírita.

A proposta era inspirar as equipes a enxergar em si mesmos o potencial de uma instituição, de uma organização estruturada.

Aqui, depois de estudar todos os temas que discutimos, gostaríamos de estender o conceito e propor o lema: – cada centro uma colônia espiritual.

É possível? Por que não?

Acreditamos que vale a pena tentar!...

Certamente os assuntos tratados não se esgotam nesse livro, eles são ponto de partida para novas pesquisas e ajustes necessários nos grupos e centro espírita, aprimorando o comportamento humano terreno ao mesmo tempo em que se desenvolve a espiritualidade, com consequência na própria felicidade.

Por certo que a evolução depende tão somente de cada um, e é pessoal e intransferível.

No entanto, também percebemos que é possível

aos gestores, em sua missão de auxiliares do Administrador Maior, propiciar condições de desenvolvimento no ambiente e na interação entre pessoas e espíritos, bem como aprimorar os instrumentos de gestão que organizem e direcionem o progresso espiritual. A direção já conhecemos, não é mesmo?! Vamos construir caminhos?! Desejamos aos responsáveis, de uma equipe ou centro espírita, caminhos difíceis (como pediu o espírito Ricardo), mas promissores, ombro a ombro, lado a lado, com seus companheiros rumo à felicidade, ou poderíamos dizer à alegria cristã!

Como recomenda a comunicação mediúnica espontânea, endereçada a Allan Kardec:

> ... para ser-se feliz, é preciso que se haja contribuído para a felicidade dos pobres seres de que Deus povoou a vossa Terra. Permaneça, pois, tranquila e serena a vossa consciência: é o precursor da felicidade celeste. (Em casa do Sr. Dehau; médium: Sr. Crozet, Comunicação espontânea obtida na minha ausência, Minha missão)

Ao amigo leitor que chegou até aqui, concluímos segundo o cumprimento que um dos espíritos utilizou para se despedir de André Luiz, deixando antes o nosso muito obrigado e que o irmão ou irmã...

Fique em paz!

# Bibliografia

KARDEC, Allan. *O Livro dos Médiuns*. 71ª ed. Rio de Janeiro, FEB, 2003. Disponível versão para download em http://www.febnet.org.br/wp-content/uploads/2012/07/136.pdf. Acesso em 13 de abril de 2005.

_____. *Obras Póstumas*. Rio de Janeiro, FEB. Disponível versão para download em http://www.febnet.org.br/wp-content/uploads/2012/07/139.pdf. Acesso em 13 de abril de 2005.

Xavier, Francisco Cândido. André Luiz (espírito). *Nosso Lar*. 45ª ed. Brasília, FEB, 1996.

# Você precisa conhecer:

### Pessoas de André
Isabel Scoqui
Doutrinário • 14x21 cm • 240 páginas

Neste livro, a escritora rio-pardense, Isabel Scoqui, revisita de maneira única e atraente, a obra de André Luiz em onze dos 13 livros da série psicografada por Francisco Cândido Xavier.

### Mentores de André Luiz
Isabel Scoqui
Estudos • 14x21 cm • 280 páginas

Esta obra reúne rico material para estudo e reflexão, evidenciando a importância do trabalho dos mentores espirituais, que estão sempre trabalhando em benefício do próximo, pelo simples prazer de servir.

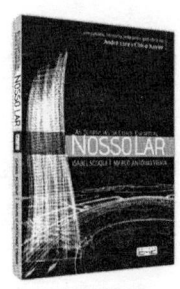

### As surpresas da cidade espiritual Nosso Lar
Isabel Scoqui / Marco Antônio Vieira
Estudo • 14x21 cm • 192 páginas

Neste livro Isabel Scoqui apresenta e explica de forma clara e envolvente os importantes detalhes da cidade Nosso Lar e da vida de André Luiz, após seu resgate do umbral, enquanto Marco Antônio Vieira coloca à sua disposição um completo índice de assuntos, termos e personagens presentes em Nosso Lar, ideal para estudiosos e pesquisadores.

# Você precisa conhecer:

### Entrevistando André Luiz
Jamiro dos Santos Filho
Doutrinário • 14x21 cm • 160 páginas

Quem foi André Luiz na Terra? A desencarnação em plena infância é uma punição das Leis Divinas? Por que existem tantas religiões no mundo? Essas e outras perguntas foram respondidas por Jamiro dos Santos Filho. Na verdade, as respostas são fruto de uma entrevista montada, que o autor fez através de pesquisa, junto às obras ditadas pelo espírito André Luiz, ao médium Chico Xavier.

### Aprendendo com Nosso Lar
José Lázaro Boberg
Doutrinário • 14x21 cm • 200 páginas

A proposta deste livro é que a obra de André Luiz, o "repórter do Além", seja estudada com atenção, para que se alcance todo o ensinamento que ela apresenta.

A cada capítulo, o autor destaca um detalhe da história e esclarece sobre assuntos como perda de entes queridos, segunda núpcias, atitudes nas refeições, amor ao trabalho, influência dos pensamentos e outros temas de grande interesse para nos conhecermos cada vez melhor e nos melhorarmos para a vida depois da morte.

### A moça do espelho
Isabel Scoqui
Romance espírita • 14x21 cm • 200 páginas

Baseada em um episódio do livro *Nos domínios da mediunidade*, de André Luiz/Chico Xavier, Isabel Scoqui recria a história da moça do espelho, Estefânia, que em duas encarnações fora abandonada e cujo trauma paralisou-lhe a mente por 200 anos.

---

Não encontrando os livros da EME na livraria de sua preferência, solicite o endereço de nosso distribuidor mais próximo de você através de
Fones: (19) 3491-7000 / 3491-5449
*(claro)* 99317-2800 *(vivo)* 99983-2575
E-mail: vendas@editoraeme.com.br – Site: www.editoraeme.com.br

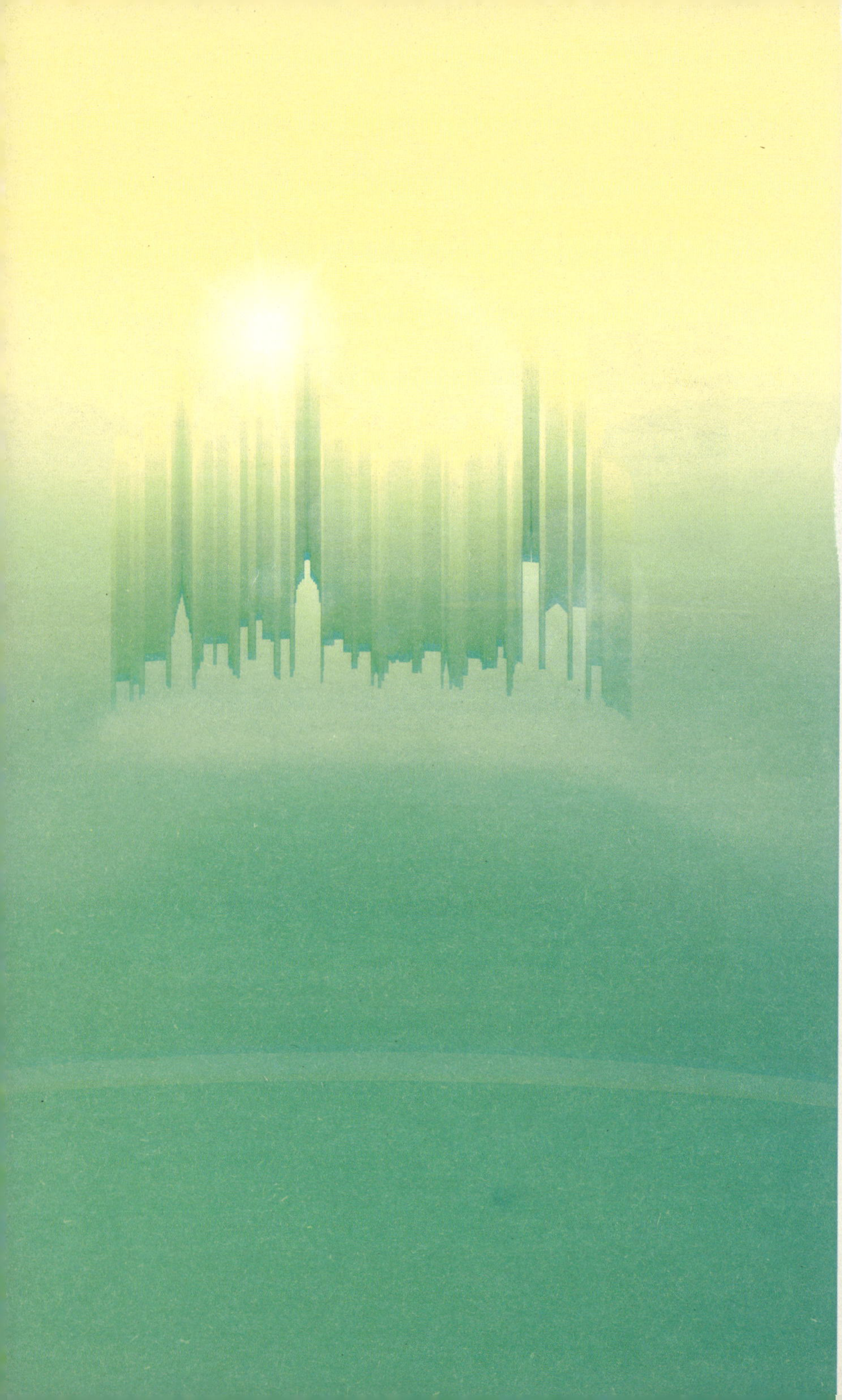